姬氏古拳谱

六合拳谱与姬氏枪法

〔清〕戴龙邦 著

王建筑 点校

北京科学技术出版社

图书在版编目（CIP）数据

姬氏古拳谱：六合拳谱与姬氏枪法 /（清）戴龙邦著；王建筑点校 . — 北京：北京科学技术出版社，2024.11

ISBN 978-7-5714-3600-1

Ⅰ . ①姬… Ⅱ . ①戴… ②王… Ⅲ . ①拳术－基本知识－中国 ②枪术（武术）－中国 Ⅳ . ① G852.1 ② G852.23

中国版本图书馆 CIP 数据核字（2024）第 025260 号

策划编辑：王跃平
责任编辑：宋杨萍
责任校对：贾　荣
封面设计：何　瑛
责任印制：吕　越
出 版 人：曾庆宇
出版发行：北京科学技术出版社
社　　址：北京西直门南大街 16 号
邮政编码：100035
电话传真：0086-10-66135495（总编室）
　　　　　0086-10-66113227（发行部）
网　　址：www.bkydw.cn
印　　刷：北京华联印刷有限公司
开　　本：787 mm × 1092 mm　1/16
字　　数：80 千字
印　　张：13.5
版　　次：2024 年 11 月第 1 版
印　　次：2024 年 11 月第 1 次印刷
ISBN 978-7-5714-3600-1

定　　价：118.00 元

序：致敬经典

从明末清初的姬际可创心意六合拳至今，心（形）意拳已有几百年的历史，它的创立和发展始终与晋商文化紧密联系在一起。有晋商的地方，就有习练心意拳的镖师，镖师们负责保卫货物和商人。这一点从流传至今的许多晋剧、秧歌等文艺作品中也能窥见一二。不仅是以技傍身的镖师将心意拳视为保卫安全的利器，商贾们在吃饱喝足后也习拳、练拳，以达到防身、健体的目的。

经过几百年的传承和发展，心意拳的名称不断变化，从“际可拳”“龙峰拳”“岳武穆王拳”“忠义拳”“心意六合拳”“心意拳”“六合拳”等一直到如今广泛应用的“形意拳”，心意拳在传承中不断创新优化，但其内核（健身、防身、修身、养身）从未被遗忘。

心意拳的传承发展路线，始终融于晋商的经济、文化发展之中，行走在晋商的茶马古道上。在河南的南阳、开封、洛阳等地，山西的祁县、太谷、榆次、太原等地，河北的深州，以及北京、天津、上海等地，该拳种就像火炬传递一样，一棒接一棒传衍。如今，心意拳已跻身中国四大名拳、三大内家拳之列，在中国武林界家喻户晓。

在心意拳传承中涌现出了许多耳熟能详、如雷贯耳的人物，如姬际可、曹继武、马学礼、李祯、买壮图、戴龙邦、李老能、刘奇兰、郭云深、车毅斋、宋世荣、宋世德、李广亨、白西园、贺运恒（亨）、李太和、王正兴、李存义、张占魁、孙禄堂、刘殿琛、薛国兴、李复贞、吕学隆、布学宽、宋铁麟等，他们都为心意拳的发展和振兴做出了不可磨灭的贡献。

在“弘武”的过程中，有一个特殊的文化现象，即心意拳的传播依靠传抄、誊写拳谱这种隐秘的形式进行，在传抄的过程中，抄写者往往会融入当地的文化（如中原文化、晋地文化、燕赵文化、京津文化等），同时植入许多方言，加入传抄者、誊写者个人新的解读。

心意拳历代先贤们所抄录的老拳谱，原先秘不示人。早年的经典拳谱如《姬氏枪法》《郑氏拳法》《岳武穆王九要论》《曹继武先生十法摘要》《六合拳谱》等，都是在当年心意拳门人内部流传比较广泛的拳谱，外人无从知晓。传拳的历史，也是传谱的历史。所传不仅有拳理拳法的规范，还有行走江湖的规矩。

如今我们能够有幸看到和收藏的心意拳古老拳谱摹本，大多未注明时间和地点，也未留下抄录者、誊写者的信息。不同的誊抄者，受地域文化、口音的影响，在抄录誊写的过程中，可能会有意或无意地颠倒字词顺序，造成误判、误写，其中比较典型的有以下几点。

（1）发音问题。“心”“形”不分，原先的“心意拳”写成“形意拳”。“老”“洛”不分，“能”“农”不分，造成了对同一个人的不同称呼（李洛能、李老能、李老农）。“龙”“隆”不分，“尔”“二”不分，造成了对历史人物“戴龙邦，字尔雷”“戴隆邦，名二间”的不同解释，“尔雷”二字后逐步演变成“二吕”“二驴”“二旅”“二间”。

（2）书写问题。如“郭云深”与“郭望陞”为同一人，在河北被写为“郭云深”，在山西被写为“郭望陞”，音近似而字不同，这主要是由地方口音造成的。

还有一些古拳谱的拳经口诀中会出现一些音同字不同的情况。不同的文字，就会有不同的解释，也就演化出不同的技术和练功方法。比如，不同拳谱在誊抄过程中会出现十二形中的“鲐”“骀”“鲐”三个同音的字。“鲐”是一种天上飞的鹰隼；“骀”是一种地上跑的劣马；“鲐”是一种水中游的鱼类。不同的字，表达的是不同空间里的动物。字不同，意不同，在拳谱里表达的拳法也不尽相同。

旧时心意拳的传承奉行“宁教一拳，不传一口”的原则，其拳谱极为隐秘，有些练了一辈子拳的人，只闻其名，难觅其踪。在历代的嫡系传人之中，只有极少的幸运儿能从别人那里抄录、誊写拳谱，从中窥见拳理、拳法的奥秘。早先以毛笔传抄孤本，在清末民初，才有了石印本的拳谱，后又得益于印刷技术的进步，有更多思想开明的习拳者公开拳谱，使得更多武术界人士能够一睹拳经拳谱的真面目，能够依据文字理论更好地习练心意拳。

改革开放至今，网络的发展使得更多历史资料、照片影像被公开，大量有关心意拳的拳谱、史料被披露，这得益于时代的进步。但大量拳谱盛行于世，难免存在优劣不一、良莠不齐、真假难辨的现象，需要现代习拳者学会辨识。

王建筑

写于山西榆次城北岭上石门听雨庐

二〇二三年五月二十三日

导读

心意拳的起源和传承与晋商文化有着密切的联系。晋人在经商过程中，常常需要运送货物和资金，会雇佣保镖护送。山西祁县人戴龙邦父子从事保镖护商的清朝乾隆年间，正是晋商的鼎盛时期，拳术的传播越发广泛，商业往来越发频繁使戴氏心意拳闻名于世。

郭维翰（1820—1901），山西祁县温曲村人，因与戴龙邦有亲戚关系，投师问艺于戴龙邦，得了心意拳的真传。年老后，郭维翰先生隐居故里温曲村中，对当地所传的心意拳术资料进行收集、誊写和整理，留下了《六合拳谱》抄本一卷。郭维翰先生逝世后，该拳谱留存在其后人手中。

百年以来，郭维翰先生的后人和弟子门人遵守祖训，深藏《六合拳谱》不露，秘不示人，将心意拳和《六合拳谱》妥善地、一代一代地传承。

笔者于20世纪80年代末，与祁县温曲村郭维翰一支心意拳的重要传人岳忠德、杨立仁、郭映长、程荣、乔瑞、岳忠仁等拳师深交，往来不断，尤其是和岳忠德先生保持着亦师亦友的关系，因而岳忠德先生将郭维翰先生遗留的这部手抄古拳谱《六合拳谱》赠与笔者收藏留存，今得此机会出版，可谓幸事。

本拳谱是由三个古拳谱合抄在一起的汇集本。

第一部分的内容包括：践蹚法，六合拳论，手脚法，十二形练法，五行合一处法，四民均宜习武艺，缓责工农急责士商，三拳像，三棍像，拳棍赞，习武二勤，习艺三知，习艺二戒，总结赞，五行相克，五行相生，生克申赞，採扑裹舒绝，内外相见合一家，心仁、肝义、肺礼、肾智、脾信等。

这部分内容在心意拳传承中的各支派拳师中流传较为广泛，但本抄本与众不同之处在于，其开篇“六合拳序”落款写着：“时在乾隆十五年岁次庚午年府日，山西昭馀戴龙邦书于河南洛阳马公书室姬老师戒。”从中可以清晰辨认出“戴龙邦”三字，这是在笔者所知的其他拳谱中所没有的。

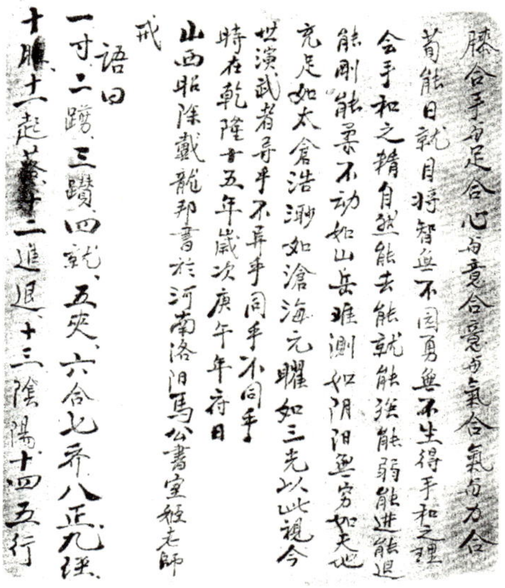
膝合手与足合心与意合意与氣合氣与力合
荀能日就月將智無不固勇無不生得手和之理
会手和之精自然能去能就能强能弱能进能退
能剛能柔不动如山岳难測如阴阳無穷如天地
充足如太倉浩渺如滄海元耀如三光以此視今
世演武者异乎不异乎同乎不同乎
時在乾隆十五年歲次庚午年府日
山西昭徐戴龍邦書於河南洛阳馬公書室姬老師
戒
语曰
一寸、二蹬、三躦、四就、五夾、六合、七齐、八正、九径、
十脛、十一起落、十二進退、十三陰陽、十四五行

第二部分的内容包括：十法摘要，曹继武先生拳术论，六合根基于左，练技要诀，游艺引，手足要法，郑氏拳法训语，十二连锤歌诀，螳螂闸势，身法，身法底稿，姿势，裹松垂缩，教序，射丹田，五种手法，决法，乖快，叫门，戒色诗，形形论说意意（简述传承源流及十二形的动作练法）。

第三部分是一本名为《双玉法》的手抄古拳谱，内容是心意拳源流和内外五行拳的练法，以及祁县当地先站蹲猴势的拳法拳理要诀。谱中提到了心意拳的李珍、螳螂拳的金世奎这些前贤的名字。

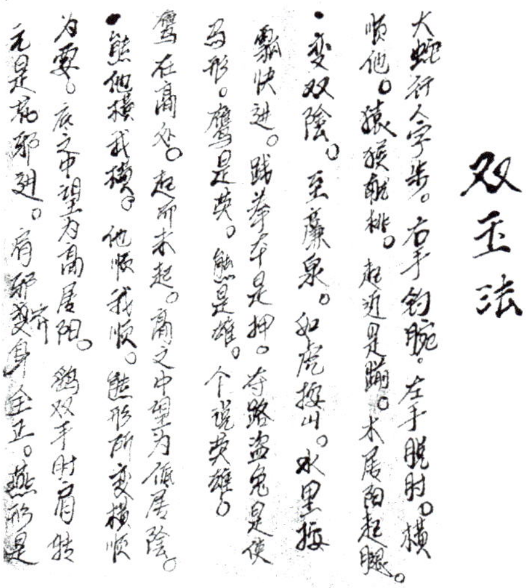

第二部分和第三部分的拳谱内容，仅在祁县一支心意拳传人中的极个别老拳师手中收藏留传。几百年间，拳谱在传承过程中衍生发展，各支脉的理论体系、练功方法和规范可能有所差别，而这正是需要我们在面对不同版本的拳谱时辨析的。

除上述《六合拳谱》抄本之外，本书还辑入一本手抄《姬氏枪法》古拳谱，该谱为郭维翰的传人岳镇歧先生所珍藏。

岳镇歧（1880—1962），山西祁县温曲村人，幼时在本村中向郭维翰的弟子吕海根先生学习心意拳术，并在郭维翰创办的私塾中上学，在拳术上也受到郭维翰的严格教导，岳镇歧先生练功刻苦，青年后即以武功享誉乡间，并将郭维翰一支所传拳技精心记录和整理，是祁县郭维翰一支心意拳传人中的集大成者。

此本《姬氏枪法》古拳谱以毛笔誊抄在毛头纸上，行草体文字。内容包括：姬氏枪法，六合枪架，十一门伞扎，正五行拳谱，螳螂闸势拳，鹏情，五行相克劈拳歌诀。岳镇歧先生逝世前，将该谱传给自己的亲侄孙岳忠德收藏。

人们只知，心意拳是“脱枪为拳、枪拳合一”，但其如何被创造并不断演变，却无太多人了解。尤其是由于心意拳在民间传拳的隐秘性，许多习练之人只闻姬氏前贤之名，而未能找到姬氏遗存的任何拳谱抄本，以至未能对拳理、拳法有更深入的了解和体悟。

老前辈常说心意拳是枪拳，六合（三体式）的站桩，也是侧马步站立。《姬氏枪法》手抄古拳谱的面世，可以帮助我们更多地了解到心意拳从姬氏枪法到郑氏拳法，再到后来的六合拳法的发展过程，从马上功夫到地面功夫，从战场武技到民间武术的演变过程。

从明末清初姬际可创拳至今，心意拳经过了四百余年的历史沧桑、数代武者的传承发展，终于跻身中国三大内家拳的行列。从手抄古拳谱中可以看到，传承者代代遵守着“拳可以变，谱不可改”的祖宗遗训，并将古老的拳谱拳经看得比自己的生命还重要、还珍贵。

因“宁传十拳，不传一口”的传统，大部分拳谱珍本至今仍然难得一见。此拳谱抄本的公开出版，可使广大的武术习练者更多地了解中国传统武术的文化和历史，了解拳术传承中的历史人物和武林故事，研究手抄古谱中原生态的拳法精华。

拳术传承中出现的断链和缺失，需要武术同道去努力挖掘和细心考证！

王建筑

写于山西榆次城北岭上石门听雨庐

二〇二三年三月二十一日

心意六合拳谱序

天下之治道有二：曰德，曰威。天下之学术有二：曰文，曰武。然武之所重者，技艺也。况国家讲礼有法，蒐苗狝狩，各有其时，岂徒事为虚文也哉？故武之技艺，不可不亲历其事，而其间精微奥妙，更有不容率意妄陈者。余尝拟著为论，公诸同好，特恐语言不精，反误后世，此心耿耿，曷其有极？

兹见《岳武穆王拳谱》，意既纯粹，语亦明畅，急录之，以志余爱慕之情。

云：王，讳飞，字鹏举，河南汤阴人也。王父早卒，事母最孝，少负节气，优于将略，沉毅多谋，其智勇绝伦超群，当时名将无双匹。及长，应募于东京，留守宗泽与谈兵，曰："如将军者，方可与言孙武。"屡尚战功，遂成大将。善以少击众，自率八百人，破王善等五十万众于南董门；八千人破曹成十余万众于桂岭；其战兀术于顺昌，则背后嵬，列背嵬八百于朱仙镇；五百人破金兵十余万。亿凡有所举烽，必谋定而后战，故有胜而无败。猝遇敌不动，故为之语曰："撼山易，撼岳家军难。"张俊尝问用兵之术于王，王曰："仁、信、智、勇、严，缺一不可。"平生好贤礼士，倘览经史，雅歌投壶，恂恂然为书生。每战胜者必（辞）功，曰："将士效力，飞何功之有？"而忠愤激烈，议论持正，不挫于人，卒以此得祸，余为宋深惜之。

当童子时，受业于名师，精通枪法，以枪为拳，立一法以教将佐，名曰意拳，神妙莫测，盖从古未有之技也。宋以后，金、元、明鲜数代，鲜有其技。独我姬公，名际可，字隆风，生于明末清初，蒲东为汤冯人氏，访名师于终南山，得《（岳）武穆王拳谱》，后授余师曹继武先生于秋浦时，即安徽池洲府，今属安徽芜湖道，时人不知其勇。先生习武十有二年，技勇方成，康熙癸酉科联捷三元，钦命陕西省靖远镇总镇，致任归籍。余游至池洲，先生以此拳授余，学之十易寒暑，先生甚喜，曰："子勇成矣。"余回籍晋，经洛阳，遇学礼马公，谈势甚洽，嘱余为序。不文，焉能当此？但见世有勇悍之士，未学无善人之力，及观其艺，再扣其学，手不应心，语不令道者，何也？不得个中真传也。

所谓真传者，虽名曰（武），岂实贵和。和者，智与勇顺成，自然之谓也，岂今世捉拿、钉钩、打封、闪展，逞其跳跃，悦人耳目者。可此聊心意拳大要，不外阴阳、五行、动静、起落、进退、虚实，而其妙矣。又须六合，肩与胯合，肘与膝合，手与足合，心与意合，意与气合，气与力合。苟能日就月将，智无不圆，勇无不生，得乎和之理，会乎和之精，自然能去能就、能强能弱、能进能退、能刚能柔，不动如山岳，难测如阴阳，无穷如天地，充足如太仓，浩渺如沧海，元曜如三光。以此视今世演武者，异乎不异乎，同乎不同乎？

时在乾隆十五年岁次庚午年府日

山西昭馀戴龙邦书于河南洛阳马公书室姬老师戒

践躜法

语曰

一寸，二践，三躜，四就，五夹，六合，七疾，八正，九经，十胫，十一起落，十二进退，十三阴阳，十四五行，十五动静，十六虚实。

寸，是步也。

践，是腿也。

躜，是身也。

就，是束也，上下束而为一也。

夹，是践也，臂动，两腿行如剪也。

合，是内外六合也。外三合：手与足合，肩与胯合，肘与膝合。内三合：心与意合，意与气合，气与力合。内外如一，成其六合。

疾，是毒也。

正，是真也，看正即是邪，看邪即是正。

经，手摩内五行也。

胫，是惊起四梢也，火机一发物必落，摩经摩胫，意气响连声。

起，是去也；落，是打也。起也打，落也打，起落如水之翻浪，方起落也。

进步低，退步高，进退不是枉学艺。

何为阴阳？看阴而有阳，看阳而有阴。天地阴阳相合能下雨，拳上阴阳相合能成一块，皆为阴阳之气也。

内五行要动，外五行要随。静为本体，动为作用。若言其静，未漏其机；若言其动，未见其迹。

动静要发，而未发之间，谓之动静也。

虚是精也，实是灵也。精灵皆有，成其虚实。

精养灵根气养神，养功养道见天真。
丹田养就长命宝，万两黄金不与人。
六合自古无双传，多少玄妙在其间。
设若妄传无义人，招灾惹祸损寿年。
武艺都道无真经，任意变化势无穷。
岂知悟得婴儿顽，打遍天下是真形。

天为一大天，人为一小天。墙倒容易推，天塌最难擎。雨洒尘灰净，风顺暴云回。熊出洞，虎离窝，硬棚摘豆角，犁周正之项。将有所去，虎闭其势；将有所取，势正者不上。

知近、知远，知老、知嫩，知宽、知窄，上下相连。心动身不动则枉然，身动心不动亦枉然一场。

要把势，吊鬼闪展腾挪，足底随明，只把势打来，不算好武艺。问尔何所据，答曰：我的场中不定执是，或把，或拳，望着就是；随高打高，随低打低；打遍天下，即为老鸡。行如槐虫，起如挑担。若遇人多，三摇二旋。

六合拳论

起手横拳势难招，展开四平前后梢。望眉斩截反（见）背，如虎搜山斩手炮。俱行如风，鹰捉四平，足下存身，进步探打莫容情。抢步十字立，剪子股势如擒拿。进步不膝，必有寒势之心。打人如走路，看人如蒿草。但上如风响，起落似箭蹿。遇敌要取胜，四梢俱要齐。手起足不起作枉然，足去手不去亦枉然。未起是摘子，未落是坠子。三意不相连，必定艺儿浅。

拳去不空回，空回总不奇。兵行诡道，枪扎如射箭。拳上一气，兵战刹气，无不取胜。君与臣，将与兵，合一气，盖乾坤，并无反意。

远近一丈步位疾，两头回转寸为先。早知回转造条路，近在眼前一寸中。守住一心行正道，小路虽好车难行。拳打遍身之法，足踏浑身是空。远去不发脚，发脚不打人。见空不打，见空不上。

先打顾法后打人，先打那里顾法，浑身之法，俱打的是本身，随机应变。手起莫要望空，落脚去莫要望空，落闪展两边提防。左右强退者往后跟，拾拾连紧追，随高打高，随低打低。

起为横，落为顺，为其正方。心不勇，手不推，擂不止，多出变化。三存者不上，心里所悟，原来是本心不明四梢。上节不明，浑身是空；中节不明，多出七十二把神变；下节不明，多出七十二盘跌。

有反意必有反气，有反气必有反力。言其形未动，必有反意之心。面笑眉喜不动唇，提心防他必有伶俐之心。能知其归一合顺，则天地之事无不可推矣。识见不见随时艺，遇世事无有不到头。

姬寿云：文武古今之圣传，且系国家之大典，上有益于社稷，下能趋吉避凶祸，此人生不可（缺）也。今之武者，专论架势，封闭闪法不知，日间了然在目，还可少用，若黑夜之中，伸手不是，如何用之？必至反悟，自身悟，何及哉！惟大刚之气，养之于素，而忽然发于一旦，依本心本性，直扑上去，随左打左，随右打右，不怕身大力勇者，一动而即败也。世人其深察否？

手脚法

眼要毒，手要奸，脚踏中门裆里蹿。眼有鉴察之精，手有拨转之能，脚有行逞之功。

两肘不离肋，两手不离心，出洞入洞紧随身。乘其无备而攻之，由其不意而出之。

前脚趁后脚，后脚踩腿弯。后脚趁前脚，前腿拾后连。起先进左腿，左腿未落右腿随；起先进右腿，右腿未落左腿随。

心与眼合为一力，心与舌合多一精。先分一身之法，心为元帅，胳膊脚为五营四梢。左为先锋，右为元帅。手脚相顾，准备万般。一旦无千着，不如一着熟。早知此应验，过后见识不如无。

头为一拳，肩为一拳，肘为一拳，手为一拳，胯为一拳，尾为一拳，膝为一拳，足为一拳。

头打落意随脚走，起而未起占中央。脚踩中门抢他位，就是神手也难防。

肩打一阴反一阳，两手只在洞中藏。左右全凭盖世力，束长二字一命亡。

肘打去意占胸膛，起手好似虎扑羊。或在里胯一傍走，后手只在肋下藏。

把打起落头平挡，降龙伏虎霹雳闪。天地交合云遮月，武艺相战蔽日光。

胯打中节并相连，阴阳交合必自然。外胯好似鱼（打）浪，里胯抢步变势难。

臀打落意不见形，猛虎坐窝藏洞中。背尾全凭精灵气，起落二字自分明。胯打几处人不明，好似猛虎出木笼。和身展转不停势，左右分明任意行。

足打踩意不落空，消息全凭（后脚）蹬。与人交勇无须去，去意好似卷地风。脚打七来手打三，五行四梢要和全。

气呼心意随时用，硬打硬进无遮拦。起无形来落无踪，起似春分龙登天，落如霹雳雷击地。上下左右十四处，打法俱不脱丹田之精。腹打去意要粘阴，好似翻弓一力精。丹田久练灵根本，五行合一见奇能。

十二形练法

龙、虎、猴、马、鮀即剪子股也、鸡、鹰、熊、骀即兔虎也、蛇、鹞、燕鹰劲出于额颅，以高望低，属阴；熊劲落于枕骨，以低望高，属阳。

龙有搜骨之法，虎有扑食之勇，猴有纵山之灵，马有迹蹄之功，鮀有浮水之精，鸡有欺斗之勇，鹰有捉拿之精，熊有竖项之力，骀有竖尾之精，蛇有拨草之巧，鹞有束翅之能，燕有取水之灵。

束身而起，藏身而落。起而风，落而剪，打倒还嫌迟。起如箭，落如风，追风赶月不放松。

论身法，不可前栽后仰，不可左斜右歪，往前一直而去，向后一直而退。

论步法，寸步、快步、践步，不可缺。

讲足法，脚起而蹼，脚落而翻，不蹼不翻，以寸为先，必须丹田气。肩要催肘，肘要催手，腰要催胯，胯要催膝，膝要催脚。

五行合一处法

远践近蹼，蹼进合膝，沾身纵力。手起如挡，搓落如钩。

阻摩经摩胫，心一动，浑身俱动。心动如飞箭，肝动似火焰，肺动成雷声，脾肾肋夹功，五行合一处，放胆即成功。

起落二字自身平，盖世一字是中身。身似弩弓，拳如药箭。能要不是，莫要停住。蛰龙未起雷先动，风吹大树摆枝摇。

上法须要先上身，手脚齐到才为真。内要提，外要随；起要横，落要顺；打要远，气要催；拳似炮，龙折身，遇敌好似火烧身。起粘身平进中间，手起是虎扑，足去不落空。拳打三节不见形，如见形影不为能。能在一时进，莫在一思存。能在一气先，莫在一气后。起横不见横，落顺不见顺。起不起，何用再起。落不落，何用再落。低之中圣为高，高之中望为低。起落二字与心齐，死中反活，活中反死。

明了四梢永不惧，闭住五行永无凶。明了四梢多一精，明了五行多一气。明了三心多一力，三回九转是一势。势怕人间多一精，一精知其万事精。万事只要围了中，身体围他一势要围奇。好字本是无价宝，有钱将往何处找。要知好字路，还往四梢求。讲何为四梢？舌为肉梢，牙为骨梢，手指节、足指节为筋梢，浑身毛孔为血梢。四梢俱齐，五行乱发。血梢发起不凶，牙梢、肉梢不知情，筋骨发起不筋，身起未动可知情，才如灵山大光明。两手出洞入洞紧随身，两手不离身，手足去，快如风，急上更加急，打了还嫌迟。

天地交合，云蔽日月。武艺相斗，蔽住五行。三起不见，三进不见，可见也好，不见也好，势占中央，最难变化。与人相战，须明三前：眼前、手前、脚前。踩定中门去打人，如蛇吸食。内实精神，外示安逸。见之如妇，奇之如虎。候气布形，与神齐往。急若腾兔，追其形，还其影。纵横往来，目不及瞬。

大树成材在其住，巧言莫要强出头。架梁闪折不在重，有秤打起千斤钩。行其溺色之事，丢去虎狼之威。三事无心自己悔，保住身体现今福。

演武艺者，思吾之道，依吾之言，永无大害，见其理而自尊。交勇者，莫要思误；思误者，寸步难行。血梢发脚心，发起到天门，再无别疑真英雄。牙骨肉梢仔细评，评出理来是一通。筋骨一气要以和，天地阴阳通一气，气之通，万物皆通；气之复，万物皆复。哪见痕迹，哪有阻隔，以和为始，以和为终。明天地，知吾人之心意，还住四梢行。目中不时轮旋转，行坐不时要用心，耳中不时常报应，语中不时常调和。

调和者，何也？调和万事吉与凶。吾有拢树之心、种苗之意，奈其人心不知。松柏四时长青，牡丹虽好，开一时艳盛。松柏常绿，缘何严霜不打，因他根心皆实。人心若得人心意，意思之思不回头。可见孝、悌、忠、信、礼、义、廉、耻，再思学意气而自中矣！

三意无路任纵行，早备晚上去避身，知吾思误。为何三意？在稼耕读万事用，只为仁义礼智信。武艺但扫世不平，路途结交要用心。晚间店内须防备，一切万事莫放松。逢桥须下马，过渡莫争先。一人莫上舟，搬重且停行。宁走高冈十里远，不走低凹五里平。未晚先报宿，鸡鸣早看天。人量人来莫小量，可比韩信、楚霸王。黑夜烈风休行路，行路必有祸与凶。十人擒住一人难，一人存心要占先。有人参透这句话，万事吉凶都消散。并无此心，妄思别意。见其何功，身思不到。万事无心，三思无意。不可以传，自思不到。道吾无理，能见一心，莫见一身。都遇贤来却也少，墙比高山万不能。雪里泼墨自然黑，蜜调黄柏终是苦。自己久误理不通，每日迷来枉费神。大树有名人多望，望他清凉蔽日光。狂风损枝无人见，不胜滋长入山林。人比花开满树红，后来结果哪个成。可见奇才终可用，可惜奇才不多生。

此艺三教三不教，三惧三不惧。何为三不教？贼盗者不教，愚卤者不教，无义者不教。何为三不惧？稍长大者不惧，力勇者不惧，艺高者不惧。何为三教？孝悌忠信者可教，有刚有柔者可教，机谋灵通者可教。何为三惧？能服尊长者可惧，年高有德者可惧，耍笑顽童可（惧）。

天下人广君子少，山大石多金玉缺，世上人多名师稀。我重人语，将心意付与他，曰不可，他不见财有坏。父母生身有恩，将心意付与他，亦不可，背毁有坏。好树长在树林崖，将心意付与他，又不可，崖崩有坏。好地成苗，将心意付与他，伊昼夜不眠，亦不可。未见海中水，见一海中月，却也光明，将心意付与他，亦不可，水潮有坏。访一名师，将心意付与他，又不可，未出他人之心，这心意无处不到，不如自会悟自身，见志而后行，行到天堂无地狱，行到地低无谷生，行到人前得其志，行到家内无祸侵。离开解劝，世人总要习武艺，凶多吉少难以知，丢财惹气在眼前，不如息气养神却自然。千般巧计，万般设习，可有破手？用好心腹一条，勇心胆宜事，耳目报三恩，最终可破也。逢善则善，遇露还要审，审时报势，凭其三牲名自高，若还不依本论行，凶多吉少悔反迟。常存仁义之心，能除万事之凶。天上慈悲天海水，长流山中岭泉起，山水潮露水，改来水天赐神水，万物聚成归一处，见一处，海水在山上。长流水，翻花山水不久长，目煎全无草露水，非力不动改来水。人人都讲长流水，却也难得思水意，有人悟透水中意，难得相逢遇知人。世上有三（到）头：丁兰刻木行孝是到头，初世（为人无）知是到头，郭买斋僧是（到）头。

知何以为无益，养虎喂鹰是无（益），女不孝是无益，人人都有玩花意，不知花园里边有诡计，满目观花尽是空，名利无边祸有根。世人皆知好字意，便易哄住不得行。未学武艺先学梢，先学伶俐后学根。不知讲着怯不用，怯讲着伶俐不用疾。精细不是演武艺，可容可不容，指何为道，仁义为通，父母恩情不用恨。不孝之人何学艺，不知起落枉伶俐，不知进退枉学艺。贪富原是天生成，何用精细去哄人，万事归于善，不可有始而无终。

却说五光虎群羊势，眼不精为一虎，耳不精为一虎，鼻不精为一虎，口无味为一虎，言不精为一虎。不精者为虎，精者为风，而这风雨洒遍乾坤，遇山林而不能阻隔，哪怕他泄（露）世机。都有一个古神，亦随身带着，带他有何用？发现他若是真明白，惊起四梢，起若要怕，惧介介齐明。言其五虎群羊阵势，是我哪一时不明白了，有个青龙，缺少眼目，少头无尾，有牙爪；是我一时不明白了，此阵误伤此身，幸遇老天尊，降下猛雨，出离了那阵势，以后不会用莫要强用。言不精，中了他桃李边谋；眼不精，中了他灰砂；耳不精，中了他诡计，诡在南倒往北行；鼻不精，中了他麝香风气；舌不精，尝不出外里边什么滋味。

讲五虎，何为五虎？五行、五精即五虎。后世里，行动宜用疾，如风，风雷疾，惊起四梢，四梢里紧要封闭。蛰龙未起雷先动，风吹大树摆枝摇，五行本五道关，无人把守自遮拦。无意求财去采花，难出大坑一阵间。

讲十面埋伏阵势，再意参想，莫想人间逞刚强，好强一定受颠狂，人不能欺天灭地，究竟此阵之事，是我自己失料理，到此阵悔之晚矣！解此阵不明是自己不明，知到三心不犯，不自为戒律，既知巧手心不明，既知功脚心不明，既知蹬桥下之空。论此桥，搭桥事何缘故，此桥即是智谋，过此桥纯凶无吉，以何为故，以后理事，见桥是桥下有凶，如不小心，指轻为重，切莫中此之计，大将伤坏，三十二位，以下的千重有余，如不是拆桥计，齐伤他阵。未出净眼楼，猛见三条路，脚下有窟井，后有火烧身，可往前进，可往后退，幸遇拆桥之计，莫拆净，拆两捆，留一捆，后人可行。

逢一生一风一烛，非能见之深，要能议其好歹。要务庄农光受苦，未至寒冬早备棉。看书千卷备应考，武艺只论见识浅。世事人情都一般，看人心专心不专。有人留意数句话，今宜求通也不难。言不明，艺不精，只怕误伤世人。百鸟飞，投岩林，合为一处，求其一安。蜜蜂采百花，调在一处，成其一蜜，人可喜。精密之言，约之一身，全其为人。己心明来万法灭，照破世间无罪孽。己心明来万法终，自有贤人归吾宗。

四民均宜习武艺

士也，终日读书，宁无困倦之时？即择艺学之，及精神顿起，急去读书，是武也，不病于士，而有益于士。士也，胡弗武。

农也，朝夕田间，宁无风雨之时耶？当风雨之时，择艺而演之，及风雨止息，仍去田间，是武不病于农，而有益于农。农也，胡弗武。

工也，商也，劳劳也，风尘道路，宁无燕处时？即当其时，即择艺演之，及交易应求，仍去就劳，是武不病于工商又也。商也，又胡弗武哉！

缓责工农急责士商

就令工也、农也，不事武可也。士也、商也，万无轻视武也。何其士也无轻视武？士也，别无应声，朝斯夕斯，穷年矻矻，是以致筋骨弱，名虽男子，实若处女，幸而发迹无弗，可知一困寝床，攸往弗行。更可虑者，近如邻会，远如乡党，其间明礼循义者固多，而顽梗奸猾之徒亦复不少，岂能尽远而夭绝之哉？时或与接微有触犯，非口出不逊之言，即身肆不规之行，乃如之人，真正把人气死，何不与读书得间时，兼学武艺，务会精熟，万一遇世人，使鼻青眼肿，匍匐卉去，其击鼓进任奔去。为之谚云“保住身体现今福”，良非虚语。所以士也，勿轻视武。何其商亦勿轻视武？商也，将本求利，或居货，或行货，劳劳市途，仆仆津梁，抛去妻子，寄栖他乡，犹后言者也，假使用阻，时奔身体，交着谁，其悯之殖财获利之会，即起窥向之心，有夜窃盗，有路逢劫夺，商也，束手无策，惟仰天长叹而已，甚之得财伤主，尤堪恸伤。假令预娴于武，只需手起棍落，筋折骨断，垂手丧气，真人间一快事也！所谓商也，轻视武，余拟是言，非为迂阔，屡见尘世，大皆然耳。士也、商也，各有执业，无多余暇，只于入手三拳三棍，各是精熟，熟斯亦足矣，何多事欤？

三拳像

攒拳、裹拳、践拳是也。攒拳形似闪，裹拳类虎践，践拳似马奔，连环一气演。

三棍像

彭棍、炮棍、反背棍是也。彭棍只要猛，炮棍似风行，反背疾如矢，真妙在其中。

拳棍赞

三拳三棍非寻常，紧阵圆满是正方。习时若至通神处，武艺之中状元郎。

习武二勤

一曰腿勤。人之习艺，均有常师，即起所能者学之，要知艺之在人，本自无穷，有可量吾者，有高超吾者。果其高超，勿畏山川之险，道路之遥，亲敬其人，诚心求教。我以诚心求于人，而人未有不诚心求我者。朝渐夕摩，何患不至高超之境。所谓一处投师，须要百处学艺。

二曰口勤。枪、棍、刀、拳，自有真形，实像始而蒙混不明，继而舛错难精，苟能虚己求讲解，而人未有不用实心示我者，耳濡目染，何患不至明通之域，所谓专，莫若兼听之广。

习艺三知

一曰知明手。何为明手？或比枪、比刀、比棍、比拳，直正猛、勇、短、毒、疾、狠、快、灵一见间，不觉令人退避三舍。

二曰知明眼。大凡人见，比枪、刀、拳、棍，或于十日不合，或于十三格有违，即急为指点，曰，比枪、刀、拳、棍，出自何人，当特为此样，今差之毫厘，后必谬之千里，不经改正，不觉令人憬然服从。

三曰知明言。何为明言？其于历代枪、刀、棍、拳、法，一听其讲究，真正是有始有终，有本有末，有证有据，不觉令人豁然晓，畅如在梦中醒来。

习艺二戒

一曰戒持枪、刀、拳、棍，（其）自有不易之准，过犹不及，皆非得当，人是我非，须当舍己从人。若执迷不持，终于无成。

二曰戒自满，枪、刀、拳、棍，本无尽境，习一艺，更有一艺相迫，得一着，更有一着相乘。侈然自满，则半而未尽之弊，终不免矣。

习艺者，果能勉二勤、励三和、禀二戒，其不至人步亦步、人趋亦趋，然而不成者未之有也。

总结赞

旷览两间许多习武艺汉者，说什么二总、三毒、五恶、六猛，未及讲谈；说什么六方、八要、十目、十三格言，不曾经见。即论眼前，一面、三枪、九十一拳，如隔万重山，真正万可怜。枉费许多工夫，究竟是两手空攒杆。学人试势参吾言，入手三拳三棍精熟时，取尽用无边。世间许多武艺汉，急回转，何须仰着模糊脸。

五行相克

劈拳似斧，属金，崩拳似箭，属木，金克木，所以劈拳能破崩拳。横拳起落似弹，属土，木克土，所以崩拳能破横拳。攒拳似闪，属水，土克水，所以横拳能破攒拳。炮拳似火，水克火，所以攒拳能破炮拳。火克金，炮拳似火，能破劈拳。

五行相生

金生水，所以劈拳能生攒拳。水生木，所以攒拳能生崩拳。木生火，所以崩拳能生炮拳。火生土，所以炮拳能生横拳。土生金，所以横拳能生劈拳。

生克申赞

拳法意来本五行，生克里边变化精。学者要知真消息，只在眼前一寸中。

採扑裹舒绝

採者，如採毒物也。扑者，如猫虎扑物也。裹者，如包裹而不露也。舒者，舒展其力也。绝者，抖绝也，一绝无所不绝也。

内外相见合一家

震龙兑虎各东西，朱雀玄武南北分。

戊己二土中宫位，意为媒引相成配。

眼耳口鼻外五行，手足四梢并顶心。

久练内外成一气，迅雷电掣起暴风。

拳无拳来意无意，无意之中是真形。

诚心养练精神气，近在眼前变化中。

固灵根而动心者，是武艺也；

养灵根而静心者，是修道也。

心仁、肝义、肺礼、肾智、脾信

夫将材有八[①]。

道之以德，齐之以礼，而知其饥寒，悉其劳苦，此之谓仁将。

临事无苟免，不为利扰，有死而荣，无生以柔，此之谓义将。

贵而不骄，胜而不恃，贤而能下，刚而能忍，此之谓礼将。

奇变不测，动应多端，转祸为福，临危制胜，此之谓智将。

进有厚赏，退有严刑，赏不逾时，刑不择贵，此之谓信将。

足轻戎马，气盖千夫，善用短兵，长于剑戟，此之谓（步）将。

登高三军至轻敌，强卤怯于小战，勇于大敌，此之谓猛将。

见贤若不及，从谏为顺流，宽而能刚，简而能详，此之谓大将游艺引。

① 此处根据实际为“八”，原著中为“九”。

盘根

盘根三步岂无因，配合分明天地人。

要把此身高位置，先从本身炼精神。

旋转

大夫学得擎天手，旋转乾坤名不朽。

岂只区区堪小试，宏功大业何难有。

旁通

不是飞仙体自轻，居然电影令人惊。

看他挑拨奇横势，尽是旁通一片灵。

冲空

一波未定一波生，仿佛神龙水面行。

忽然冲空高处跃，水中翻波细思寻，

声光雄勇令人惊。

翻浪

从来顺理自成章，送到难行莫强梁。

寄语聪明人学艺，水中翻浪细思量。

熊意

行行出洞老熊形，为要防心膀不伸。

得袭只争斯一点，（真情寄于个中人。）

鹰势

英雄处世不骄矜，遇变何妨一学鹰。

最是九秋鹰得意，擒完狡兔便超升。

虎风

撼山何易军何难，只为提防我者完。

猛虎旋威头早抱，其心合意细心看。

鹏情

一艺求精百倍功，功成云路自然通。

扶摇试看鹏飞势，才识男儿高世风。

雷声

夺人从古状先声，声里威风退万兵。

就是痴情天不怕，迅雷一声也应声。

风行

学为封姨力最神，折花柳树转风轮。

饶他七处雄兵远，一扫空生一路尘。

葆真

六朝全盛升太平，武事仍随文事精。

安不忘危危自解，于人何事更相争。

麟角刀

钢经百炼始成刀，良将争功胆气豪。

真王图形麟阁上，才知利器名望高。

刀添一角妙世穷，隐隐祥麟惠爱衷。

刹以济仁仁德普，秋霜原不碍春风。

凤翅铛

军中凶器忽呈祥，两翅居然似凤凰。

可是似禽还羽化，古来阵上一翱翔。

师真谁见凤来仪，有器先呈祥盛机。

欲媲岐山鸣瑞美，谈兵天苑太平时。

盘根

根株相带阵相因，盘结多端赖有人。

猿臂封侯谁可限，千钧一举见其神。

旋转

翻身向天仰射手，左右旋转名不朽。

果毅既称岂小试，唐臣褒鄂亦必有。

旁通 用明冷谦事

何尔一瓶载若轻，恢谐上殿寺人惊。

任凭施尽弓弩法，仙籍旁通万事灵。

冲空

武襄勇力冠群生，夺得昆仑元夜行。

直拟将军天外降，忽然冲空霹雳惊。

翻浪

落花水面亦文章，韬略无须畏强梁。

八阵浪翻千载仰，须臾变化孰能量。

熊意

桓桓写出老熊形，山麓藏身意欲伸。

祁父牙爪聊一试，群惊群易万千人。

鹰势

风尘同处昌客矜，飞跃苍茫试学鹰。

势岂亦拳同踊跃，雄心似欲华峰升。

虎风

风云成阵又何难，环卫储胥士卒完。

蒙马虎皮成霸绩，陈师牧野可同看。

鹏情

武穆天成百战功，不烦指授自然通。

翼云中以金牌并，鹏亦因情转世风。

风行

飒爽英姿信有神，腾骞无碍轶双轮。

试看行止真假整，指顾风生净翅尘。

雷声

谁将旗鼓壮军声，凯唱欢呼退敌兵。

岂是空谈三捷武，闻雷失着自然惊。

葆真

梯航万国须承平，奋武揆文事事精。

缮性葆真询可乐，行将雀鼠验世争。

立法

与平素一样，头顶天，足踏地。先定心，心定神宁，神宁心安，心安清静，清静无物，无物气行，气行绝象，绝象觉明，觉明神气相通，万物归根，合成一气。

用气诀法

眼上翻属阴，阴气落在枕骨。鼻一皱属阳，阳气落在膀角。脾气紧，心气沉，肝气顶，肺气行，肺气一努落肾经，心沉一气自然成。

引气法

目视鼻，鼻对脐，处处行迟不可移，撤开二六连鞘，一点灵光吊在眉。

周天法

紧撮谷道内中提，尾闾一起绉脊骨。

玉枕难过目视鼎，来到丹田存消息。

往前又视雀桥路，十二时中降下池。

锁住心源拴驿马，要到丹田海底基。

一时快乐无穷尽，反本还源心自知。

久炼自成金刚体，百病皆除如童子。

得真法

浑圆一气五道成，道成莫外如真形。

真形内藏真精神，精神神藏气轻轻。

如问真形求真形，须要真形合形形。

真形合来有真诀，合道真诀得彻灵。

养灵根而动心者，敌将也。

养灵根而静心者，修道也。

武艺虽精窍不真，费尽心机枉劳神。

祖师留下真妙术，知者不可轻传人。

正不必一拳打到门外得，亦不必一脚踢陵阳判。

英雄好武本桢乾，况是将门三军冠。

羡君亲身来玉蒜，英姿飒爽动里间。

每向射圃张弓按，壁上观者咸称赞。

更有盘根葆真算，旋转旁通功不断。

急然冲空翻波浪，鹏虎鹰熊来天半。

雷动风行勇且悍，凡此诣法在平旦。

学步邯郸俱惊欢，工夫全贵不凌乱。

笑余学道未一贯，终日只知守书案。

安能与君游汗漫，传的伟躯好伴焕。

十八般兵器

矛、锤、弓、弩、铳、鞭、锏、链、杖、斧、钺、戈、戟、牌、棒、枪、刀、剑。

出手劈胸占中央，翻身抱肚势势强。

定心一掌朝阳手，凤凰展膀观四方。

叶底藏花人不见，阳面上打实难当。

回身立下七星势，猛虎扑食把人伤。

纵身又使推碑势，转步偷桃使单鞭。

通天扎捶窝心炮，鹞子蹈鸡左右翻。

劈足地蛇双开膀，白鹤展翅望中间。

左右又使双把箭，低身五花一条鞭。

中央立下打虎势，怀抱琵琶一气蹚。

又使张飞骗马腿，进退指阴不可忙。

提身挂耳赶紧打，扎捶纵身要下防。

久练内外成一气，变化无穷四海扬。

夹枪带棍出洞中，打云遮日不须停。

鹞子入林直上身，舞龙摆尾不见影。

黑虎返身暗藏形，猿猴抱肘金枪落。

扑风扫地对面迎，拨草损蛇分进退。

白鹤展翅左右跟，又是让里挑钗势，返身倒入洞中。

六合凝枪

左右凝枪盖世雄，扒挑阴枪下陪银。面头押有千金重，凤凰点头步后称。好刚而多折，能柔而事成。知进而必胜，知退而不柔。遇事多思想，免得身受难。一明不明白，悔之也无及。

十法摘要

第一曰三节。

何为三节？举一身而言之，则手臂为梢节，腰胯为中节，腿足为根节是也。分而言之，三节中各有三节。如梢节之三节，则手为梢节，肘为中节，肩为根节。中节之三节，则胸为梢节，心为中节，丹田为根节。根节之三节，则足为梢节，膝为中节，胯为根节。至三节之用，皆不外起、随、追而已。盖梢节起，中节随，则根节要追。三节应不至有长短曲直之病，亦无参差俯仰之虑矣。所以三节贵明也。

第二曰四梢。

何为四梢？盖发为血梢，手指、足趾节为筋梢，牙为骨梢，舌为肉梢。与人交斗时，舌顶上腭即口内天花板，则肉梢齐；牙齿相合，则骨（梢）齐；后顶撑劲即脑后发际处，则血梢齐；手腕、足腕撑劲，则筋梢齐。四梢齐则内劲齐矣。俗为两足两手四梢者，非也，所以四梢尤其要诀耳。

第三曰五行。

五行者，金、木、水、火、土是也。内五行是对人之五脏，外五行是对人之五官，均属五行。如五脏，则心属火，肝属木，脾属土，肺属金，肾属水。心急勇气生，脾动大力攻，肝急火焰蒸，肺动沉雷鸣，肾动快如风。此五行之存于内也。目通于肝，鼻通于肺，耳通于肾，舌通于心，人中通于脾，此五行之著于好也。故曰“五行真如五道关，无人把守自遮拦。天地交合，云蔽日月，武艺相战，蔽住五行”，真确论也。手心通心属火，鼻尖通肺属金，火到金灰色亦自然之理也，余可类推。

第四曰身法。

身法有八要，起落、进退、反侧、收纵是也。起落者，起为横，落为顺。进退者，进步低，退步高。反侧者，反身顾后，侧身顾左右。收纵者，收如猫伏，纵如虎放也，大抵以中平为宜，以直为妙，与三节相贯，不可不知。

第五曰步法。

寸步，有寸步、颠步、快步、践步是也。如三尺远，寸一步可到，即用寸步。如四五尺远，则用颠步，仍上前足；如遇身大力勇者，则进前足，急过后足。如一丈八尺远，则用快步。快步者，起前足，带后足，平走而飞，并非踊跃而往也，犹如马奔虎践之意也。非艺成者不可轻用，紧记远处不发足。如遇人多或有器械者，则连腿带足并践而上，即所谓踩足二起鸳鸯足是也。

善学者，随便用之，总之法不可执，习之纯熟，用于无心，方尽其妙。

第六曰手足法。

手法者，单手、双手、起手、领手等是也。起前手如鹞子入林，须束翅束身而起。推后手如燕子抄水，往上翻，藏身而后落。此单手之法也。如双手，则两手交互，并起并落，起如举鼎，落如分瓶是也。至如筋梢发，有起有落者，谓之起手。筋梢未发，起而未落者，谓之领手。总之直而非直，曲而非曲，肘护心肋，手撩阴起，而其起如虎扑食，其落如鹰之抓物是也。足法者，起翻落蹪，忌踢易踩是也。盖起脚腿望膝，起膝望怀，脚打膝分而出，其形上翻如手起撩阴是也。至于落，则如石以攒物也，犹如手之落浮眉也。其忌踢者，踢即浑身都是空也。宜踢者，即如手落如鹰抓物是也。手法、足法本自相同，而足为用，必知其虎之行无声，龙之行莫测，然后可也。

第七曰上法、进法。

上法以手为妙，进法以步为奇，而总之以身法为要。起手如丹凤朝阳是也，进步如抢上抢步、踩打是也。必须三节明、四梢齐、五行蔽、身法活，手足相连，然后度其远近，随其老嫩，一动而即至也。然其方法有六，六方者，工、顺、勇、疾、恨、真是也。工者，巧妙也；顺者，顺其自然也；勇者，果断也；疾者，紧急快也；恨者，不容情也，心一动而内劲出也；真者，发中心，得见其真，而彼难变化也。六法明，则上法、进法得矣。

第八曰顾法、开法、截法、追法。

顾法者，单顾、双顾、上下顾、左右顾、前后顾是也。如单顾，则用截锤；双顾，则用横拳；顾上，则用冲天炮；顾下，则用扫地炮；顾前后，则用前后手尚锤；顾左右，则用填边炮或填身炮。拳一触则动，非者也，他门之钩连蓬架也。

开法者，有左开、右开、刚开、柔开也。左开如里填，右开如外填，刚开如前六艺之硬劲，柔开即后六艺之软劲是也。

截法者，截手、截身、截言、截面、截心是也。截手者，彼手已动而未到则截之；截身者，彼未动而截之；截言者，彼言漏其意而截之；截面者，彼面漏其色而截之；截心者，彼眼笑眉喜、言甘意恭，我防其有心而迎机以截之也。则截法六何可少哉？

追法者，与上法进法贯住一气，则所谓随身紧趁，追风赶月不放松是也，彼欲走而不能够，何虑邪术哉？

第九曰三性调养法。

何谓三性？盖眼为见性，耳为灵性，心为勇性。此三性艺中之妙用也。故眼中不时常循环，耳中不时常报应，心中不时常警醒，则精灵之意在我，所谓先事预防不至为人所算，而无见机之哲也。

第十曰内劲。

夫内劲者，寄于无形之中，而接于有形之表，难以言传者也。然其理则可参马。盖志者，气之帅也；气者，体之充也。心动而气则随之，气动而力则赶之，此必至之理也。有谓为创劲者，非也，有谓为攻劲、崩劲者，亦非也，殆实粘劲也。窃思创劲太直而难起落，攻劲太死而难变化，崩劲太拙而难展招，皆强硬露形而不灵也。粘劲者，先后天之气，日久练为一贯也。出没甚捷，可使日月无光而不见形；手到劲发，可使阴阳交合而不费力；至大至刚，以直养而无害，诚确论也。总之，如虎登山，如龙行空，方为得体。

以上十法练为一贯，而武艺不已成乎？吾会其理，摘其要而释之，为后习艺者训。至于姬、郑两老师之枪法、拳法等，详著于后，以备学艺者参考可也。

池洲曹继武先生编篡

曹继武先生拳术论

闻之不语力，因尚德不尚力之意也。然夹谷之会，必用司马，且曰："吾门有由恶之不入于耳，诚不可少矣。"于是顾其身家，保其性命，有拳尚也。

拳之种类不同，他们亦不悉造自何人，惟此六合拳，则出自宋朝岳武穆王。嗣后金、元、明鲜数代有其枝，至明末，有山西姬隆凤先生，遍访各名师，至终南山，曾遇异人，以岳王拳谱传授先生。自得斯书，如获至宝，朝夕摩练，尽悟其妙。而先生济世心切，犹恐人民处于乱世，出则持器械以自卫尚可，若太平之日，刀兵伏鞘，倘遇不测，将何以御之？是除学技出外无他法，于是尽传其术。

何为六合？肩与胯合，肘与膝合，手与足合，心与意合，意与气合，气与力合，内外贯为一气也。最要者前后各六势，六势变为十二势，仍归一势，即一气也。又有刚柔之分也，刚者在前，固征其异柔者，在后尤寄其妙，亦由显入微，由粗得精之意也。乃世之演艺者，多惑于异端之说，而以善走为奇，亦知此拳有追法乎？以能闪为妙，亦知此拳有捷法乎？以左右封闭为得力，亦知此拳有动不见形，则至而不及封闭乎？且能走、能闪、能封、能闭，亦必有所见而能然，故白昼间遇敌，尚能侥幸取胜，若黑夜时偶逢贼盗、猝遇仇敌，不能见其所以来，何以闪而逃之？尤不能见其动，将何而封闭之？岂不反误自身耶？惟我六合拳，练上法、顾法、开法于一贯，而其机自灵，其动自捷，虽黑夜之间，而风吹草动，有触必应，并不自知其何以然也，独精于斯者自领之耳。

然得姬老师真传者，只郑师一人。郑师于刀、枪、棍无所不精，会同其理，因述为论，乃知一切武艺皆出于拳内也。彼世之学六合拳者，亦各不同，岂其始艺之不类否耶？谅是业此者，究未得领真传，故差之毫厘，谬之千里，况乎愈传愈之讹，且不仅差毫厘耳。予幸得学于郑师之门，以接姬老师之传者也，故法颇真，而予得之最详，故就其论而释之，著为十法摘要。非敢妄行诸世，聊以教诲后进人云尔。

初学武艺者，入门有三害。三害者，何也？一曰努气，二曰拙力，三曰鼓胸提腹。努气太刚则折，易生胸满、气逆、肺炸诸症，譬之心君不和，百官失其位。用拙力者，四肢百骸血脉不能流通，经络不克舒畅，阳火上升，心为拙气可滞，滞于何处，何处为病，轻者肉发跳，重者攻之疼痛，甚至可以结成疮毒诸害。鼓胸提腹者，逆气上行，不归丹田，两足无根，轻者如浮萍，全体不得中和，则万法亦不能处时中地步。故三害不明，练之可以伤身，明之自能引入圣，必精心果力，剔除净尽，始得拳学入门要道。故书云，树德务滋，除恶务本，练习诸君，慎之慎之。

武艺却道无真经，任意变化势无穷。

岂知悟得婴儿玩，打法天然是真形。

六合根基于左

论身法，不可前栽、后仰、左斜、右歪。论手法，往前一直而出，往后一直而回。论步法，前腿带后腿，后腿踩前弯。论足法，足起而蹚，足落而翻，不蹚不翻，以寸为先。论劲气，必须丹田。气催肩，肩催肘，肘催手，此为上行丹田；气催胯，胯催膝，膝催足，此为下行丹田。用功三年后，方能觉察出出势虎扑，起手鹰抓，鸡腿，龙身，熊膀，虎抱头。

练技要诀

入阴而负阳，头手胳肘弯。

脾气往上添，五节要成连。

八节发勇气，九节带手弯。

身手心一动，脚腿便连环。

上下来走势，内藏有三战。

怒手为奸战，回手为滑战。

打者要强战，成象在内间。

未曾发后手，气撑后腿弯。

膝心气往外，换肝气往上。

阳气落腭角，阴气落忱骨。

附录　游艺引

盘根三步岂无因，配合分明天地人。

要把此身高位置，先从本身练精神。

心沉、肝次、脾入、肺凛、肾故。

手指有五行：大指属火，通心；食指属木，通肝；中指属土，通脾；无名指属金，通肺；小指属水，通肾。

手足要法

手要奸，眼要毒，足踏中门裆里蹚，就是神手也难防。

眼有鉴察之明，手有拨转之能，足有行程之功。

两肘不离肋，两手不离心，出洞入洞紧随跟。乘此不备而攻之，出其不意而取之。前足带后足，后足踩腿弯；后足趁前足，前足紧相连。

心与眼合多一力，心与舌合多一精。先分一身之法，心为元帅，股肱手足为五营四梢，左为先锋，右为元帅，手足相顾，万无一失。

纵然万般会，不如一着快。通身十四处拳打法，头为一拳，双肩为两拳，双肘为两（拳），（双胯为两拳，）双膝为两拳，（双脚为两拳，）双手为两拳，臀尾为一拳。

头打起落随足走，起而未起占中央；脚踏中门抢他位，就是神手亦难防。

肩打一阴反一阳，两手只在洞中藏；左右全凭盖势力，束长二字一命亡。

肘打去意占胸膛，起手好似虎扑羊；或在左右一旁走，后手紧记胁下藏。

手打起落头手挡，降龙伏虎逞刚强；天地交合云遮月，武艺相占蔽日光。

胯打中节并相连，阴阳交合必自然；外胯如似鱼打挺，沉胯抢步变势难。

臀尾打人不见形，猛虎坐窝藏洞中；背尾全凭精灵气，起落二字自分明。

膝打几处人不明，好似猛虎出牢笼；和身展转不停势，左右撩探任意行。

足打踩意不落空，消息全凭后足蹬；与人交勇无须避，去意好似卷地风。

足打七来手打三，五行四梢要和全；气浮心意随时用，硬打硬进无遮拦。

起无形，落无踪，起如蛰龙登天，落如霹雳击地。

以上以下左右十四处打法，都不脱丹田之劲。

腹打去意占在阴，好似反弓一力精；丹田久练灵根本，五行合一见奇能。

郑氏拳法训语

起手横拳势难招，展开四平前后梢。望眉斩截反（见）背，如虎搜山斩手炮。鹰抓四平，足下存神。进步採打莫容情，抢上抢步十字拳，剪手股十连擒拿。进步不胜，必有含怯之心；退步紧防，定无跌仆之虑。拳打遍体是法，足踢浑身是空。拳去不空回，空回总不奇。远去不发足，发足不打人。见空不上，先打顾法，然后打人。依本心随机应变，随手足快如追风。手起莫要望空落回，脚起莫要望空落闪。强退者，十连紧追。欲闪者，还填相迎。随高打高，随低打低。起为横，落为顺，乃为正方。手去足不去，不能打人；足到手不随，亦是枉然。心不勇则手不推，磕不上多出变化。推其原因，由于三节不明。上节不明，恐中人擒拿；中节不明，则自己浑身是空；下节不明，恐被人盘跌。故必肩与胯合，肘与膝合，手与足合，心与意合，意与气合，气与力合，此六合，然后三节明而气可归也。

六合自古无双传，许多玄妙在其间。

设若妄传无义人，招灾惹祸损寿年。

此艺实不可轻传也。

武艺都道无真经，任意变化势无穷。

岂知悟得婴儿玩，打法天然是生成。

此气之不可强制也。

足打七分手打三，五行四梢要和全。

气浮心意随时用，硬打硬进无遮拦。

此气之不可轻试也。

但上如风响，起落如箭躜。

遇敌要取胜，四梢尤要明。

明了四梢多一精，明了五行多一气，

明了三节多一力，三回九转是一势。

一件通了件件通，是在学书能悟而已。

悟开起落进退精，眼观耳听语中精。

血梢分开多害怕，（害怕）之时紧存心。

牙为骨梢多强辩，强辩之时仔细听。

筋骨未动要一气，四梢里边无远近。

明了四梢多一息，闭住动容永不凶。

拳打一气，兵战杀气，攻无不克，战无不胜。

君与臣，将与兵，合一气，盖乾坤。总无反意。

远近一丈步为疾，两头回转（寸）为先。

要知回转这条路，近在眼前一寸间。

三起不见，三落不见，可见而不见。

能见一身，莫见一心。

能交一言，莫交一心。

总之一动占中间，只在中间占为先。

起落不见形，见形不为能。

天地交合，灵蔽日月。

武艺相战，蔽住五行。

诚乃要诀也。

故曰：五行真如五道关，无人把守自遮拦。心比悬胆镜，手似如意钩。君子若学文武艺，全凭三怙会其真。学者于公能服时，可悉心揣摸，自能阶进耳。

十二连锤歌诀

金鸡独立通天炮，坐马开弓似射雕。

左劈偷锤蛇吐信，翻臂一炮最难招。

摸步钻拳熊钻洞，起身抱虎把心掏。

左右劈跨猛剪肘，退步插手猿坐桥。

白鹤亮翅单起脚，泰山压顶虎心焦。

双劈鲛龙海底锤，出水横行猿偷桃。

藤蛇吐信火剪炮，黑虎坐窝猛出巢。

才字双跨观四路，一马三箭穿胸腰。

四马两箭如闪电，收势穿针称英豪。

螳螂闸势

势而曰闸，意胡取乎？取其钩阻撤落，如下禁门之千斤闸然。然以螳螂冠于其上者，何也？盖取其推落阻之劲，复取螳螂挡车，有进无退之意。然此拳非仅闸势也，而统名之曰闸势者，何也？因重视闸势，故以闸势名之耳。

此拳起是螳螂手，落是闸势，实含起落不空之意。又，螳螂一名天马，为物之勇猛者，有进法，无退法，有起推落阻之劲。其食物用刀形，足几着地如雷声，打一把螳螂手属之。又，螳螂转轮示勇，气慑齐庄，拒斧见称，捷逾天马。又，起首螳螂势无双，上下翻飞肘进前，黄雀落如金弹打，起推落阻得真传。阻者，止也。又，此拳太谷心意拳门名曰杂式捶，不免以讹传讹，失其真矣，诚可叹也。

头螳：卧虎势即卧虎膀，寸足趋步，射球势，双闸，魁星势，上步连环。

二螳：不来顾手即鬼枉转，一马三箭，蹬时提足，直蹬而踱。

三螳：单点，马碰蹄。左右犁行膀，拦马叠膝蹬时足不提，向前直发而出。

四螳：摩鸡摸鸭劈拳用掌边之力，锥胸贯甲摆时要低，斩手炮扑势，蜻蜓点水，挂画托塔推掌用掌心力。

五螳：押摩膀，左右追风炮起时钻掌，落时押炸，左右连珠炮起尾二展势，中间一舒势，左旋右转侧边结结子，出步带锁势。

总曰顺拗势，白鹤亮翅，射球势，探海锤，践步，射球势，四闸势，魁星势。闸时是退而进，侧如右手闸时，退右足于左足之侧，再出右足闸下，闸下时可变推掌。又，闸势即螳螂手之落法也。

身法

鸡腿、龙身、熊腰、鹰膀、猴背、虎抱头。

鸡腿，取其两腿夹紧，则敌不易採入中门，但其出步系从肚里掏出，则里罗时开可免意外之险，尤身取其身和，扭转灵便，变化莫测也。

熊腰取其下坐有劲，则扎势稳固，不易颠跌。

鹰膀取其膀束，而蹭颠有势、起落有劲也。

猴背取其后背突出，而内天自收，翻时有势。

虎抱头取其振骨挺直，则额颅有劲，俗云豪杰出于振骨，英雄出于额颅，亦此意也。

身法底稿

身法底稿，不外内天地翻、外天地翻。内天指胸、上腹也，内地指丹田、下腹也。外天指天庭，外地指地阁。所谓翻者，看阴而有阳，看阳而有阴。其实内外然。又，舒势有似难中虚，天收而地出。展势有似项中满，地收而天出矣。又，足起身下同乎舒，足下身起同乎展。

姿势

姿势，即包肩、裹胯、缩尾。肩包则胯合，胯裹则裆合，尾缩则内实，如此则身如竹瓦，而身法出矣。又用力吸肛门，或用力勾回肛门，则尾自缩。总之缩尾乙节则最重要，又最妥者，动时总放屁，放尾则底气泄而功力丢矣。将敌时，提气收肛门则不敌矣。

裹松垂缩

裹者，两手往里裹劲，如两手心朝上托物，必得往里裹劲也。

松者，松开两肩，如拉弓然，不使膀夹外露也。

两手往外翻之时，两手极力往下垂劲也。

缩者，两肩、两胯裹根，极力往回缩劲也。

此四劲最要，故录之。

教序

先站毛猴身法姿势，至困时，即起而射丹田，翻天地射时，足可前拖，不可后退。再进尔学进步射丹田，暨加寸步的射丹田；再走鸡腿，此为根也；根熟矣，动四把，五行拳，双托三拳，三棍，七炮，五膀；五种手法，鲐形，螳螂手、五堂闸势；此等手法熟矣，方学龙蛇二行，及摩经摩胫。

练时先学重动，以立其体；后学活动，以致其用；再教以出声之法，大动呼哈合也，不动呼一呙也；手拳熟矣，再教各种步法之用；后方学棍法、刀法、枪法、剑法，等等。

射丹田

射丹田有三科：一，不出步的射丹田；二，出步的射丹田；三，加寸步的射丹田。不出步的射丹田，舒时名曰站毛猴，纯任自然之劲，不可滞了，两足并齐，两腿夹紧，再加上姿势、身法。两肘相并而紧贴丹田，两手相并而紧贴小腹，而两掌心向外，两膝相并，夹而不可前出，要上与地格下与足齐矣，一射时翻天地而变为展势。此时丹田猛射，足本前拖，不可后退，两掌翻里，向内搂丹田，两肘紧夹，两胁不可炸。余略。

五种手法

猿猴献桃为拳法、身法之总要。其势起而未起占中央，两手只在肋下藏，故曰拳中之母，与水上按瓢、敌球湾弹而丢之、燕子取水，又水中漂瓦斯拳似乎下丢之劲，另有一劲，即直下押也、狸猫上树等拳贯穿练之，犹为得法也。

决法

采、扑、裹、舒、绝。採，如採毒物也；扑兔，虎鹰粘之扑物也；舒，束身也；裹，包裹而不露也；绝，抖绝也。採也绝，扑也绝，裹也绝，舒也绝，绝也绝，抖绝而无不绝也。

乖快

你知我知，心乖打心痴，手快打手迟，你晓我也晓，只怕手迟了，与人相角，以眼乖手快为重要的。

叫门

叫门者，使敌先动，而我方动者也。其法不一，或以声，或以晃手叫，或以外五行动作叫。动物中善叫门者，莫如猴势法。吾人欲学叫门之法，取猴的手法叫。

戒色诗

二八佳人体似酥，腰中伏剑斩愚夫。

虽然不见人头落，暗地教君骨髓枯。

精养灵根气养神，元阳不走得其真。

丹田养就长命宝，万两黄金不与人。

写字忌描画，练拳忌重复。

钉顶毒恨弓催翻，束身直追虎扑羊。

学者安得灵奥妙，全凭内外天地翻。

形形论说意意

凡有形可指者，皆谓之物，而形形，则独指动物之动作言耳。动物之动作，于技术似无涉也，而言技术者，动言形形，何也？诚以天演为例，适者生存，苟无自卫之能力，岂能生存于斯世？各动物之得生存于斯世者，以其有自卫之能力故耳。今取各动物之自卫之特长，象其形以等其效，而传其神于技术之内，以化出种种绝妙手法，而为攻守之资，方达无坚不摧、无懈可击之境。此形形，所以为学技者不可忽也。

此种理说，不仅技术有之，不观仲由问成人与夫子，夫答曰：若藏武仲之智、公绰之不欲、卞庄之勇、冉求之艺，各以礼乐，亦可以为成人矣。夫智者，不欲也，勇也，艺也，四子独有之特长也，合而粹于一人之身，则可以为成人。形形之意，何异乎此？不但此也，六韬之命名，内中竟有龙虎豹犬之名。夫韬者，藏也，命名而取龙虎豹犬之名，是岳书之中，仍藏有师龙虎豹犬之意也。至创斯说之鼻祖，据前辈所传说，谓形形之说，创自岳忠武王，王岳其姓，讳飞，字鹏举，河南汤阴县人氏。谓王为将，被困山中，湖广牛头山，日日盘桓山间，见有龙、虎、猴、马、鼍、鸡、鹞、燕、蛇、鲐、鹰、熊、猫等等动物，或其进退之速、闪躲之灵、至闲之工、打法之能、步法之捷、上法之灵、头法之敏、身法之和，遂取之特长之势，而粹于技术之中，以教帐下健儿，卒成劲旅，以破金人。今日形意拳所练之各种形形，即候之所传也。又拳术之取形形，或相其形，或会其意，或含形形于身之内，或寓形形于拳势之中，非有一形即练一套也，即一势之内，亦包数个形形之意。如舒势之鸡腿、龙身、熊腰、鹰膀、猴背、虎抱头是也。又，抖擞取鱼龙之形，即鱼抖鳞、龙搜骨之意，猛勇取熊、虎之形，轻巧取水鼍、燕、猴之形，速快取鹰、鹞、马、鸡之形，此其大略也。熊出洞，虎离窝，形容出势之猛也。

头之形象，仰头上观似乎熊，低头下瞅形同鹰，左右转头像个猴，头向内缩猫头形，勇猛前进如虎豹，游荡曲折像长虫，一俯一仰名鸟形，左右摆头形如牛。（头）之打法，前则（如）府兵碰禁门，后则老和尚挂钟，左右则乌牛摆头。

又因低头如鹰，扬头如熊，名曰英雄头。

身法，龙之和，鱼之抖；和则灵，抖则猛。又，打人如火烧身，抖劲灵挑担，撤以从后足跟撤至顶心为要，如此则全身均撤矣。进退躲闪，猴之灵快。上法，龙、蛇二行，分闲龙、蛇二行。打法，鼍、猫、燕子。步法，鸡之轻快，虎之践，马之勇猛，猴之跳跃，龙、蛇之趋避。龙为最灵之，有升降之形，跃脊之能，搜骨之法，打一把龙行属之。又身法之中以龙为最，诚以神龙变化夭矫不测，故练龙行者，以炼神为主。练时，因身须用力，暗听气往丹田，遍身体活泼，两臂沉静，五心相印，身如游龙之行空。所谓骨节通灵。身心手足，均一气贯串、上下相印是也。

虎有伏身离穴之势，又有扑食之勇，虎步、虎抱头属之。物之猛而威者莫虎若也，故虎形寓跃武扬威之气概。练虎行者，以练骨为主，练时须鼓实全身之气，臂坚腰实，液力充沛，一气整贯，始终不懈，起落有势，努目强项，怒虎出林，两爪排水之势。

猴，物之最灵巧者也，有缩力之法，有纵山之能。又，猴拳从来妙机坐，腾挪闪跌是根本。打一把猿猴献桃属之。闪躲法儿数猴能，进退趋避捷急如风，晃手打人人易慌，金沙迷眼最难防。

马之性最驯服，马之形最勇敢，不惟富有冲力，且有迹步之能也，打一把马奔蹄属之，殆俗人所谓马有奔蹄之功是也。

鼍为水族中最强之物，有游泳之能，有提气浮水之功也。此形练熟，则身轻矣。

鸡有独步之能，有振羽之威，有奋斗之勇，鸡步属之。练鸡形者，以轻灵速快为主。

鹞形者，最锋利、最锐敏之形也，飘忽猛鸷，不可方物，诚以鹞之为物，有束翅之能、入林之精、翻身之巧，打一把鹞入林属之。又，鹞形打法用膀尖，提气束身进如箭。

燕者，最灵巧之物也。此形有跃身之法，有轻提之灵，有取水之灵，打一把燕子取水属之。燕形打法，如同水中漂瓜，以灵快为主者也。其身法由展而舒、由舒而展者也。

蛇者，最活泼之物也，能曲能伸，能绕能盘，能柔能刚。斯形有拨草之能，蛇形属之。蛇之骨节活动，首尾俱能相应。孙子谓，卒然者常云蛇也，击其首则尾至，击其尾则首至，击其腹则首尾俱至。非其骨节活动，安能若是其相应之速也？故练蛇形者，以气为主，其气之吞吐抑扬，以沉静柔实为主，如蛇之气，节节通灵，其未着物也。似无力者，但一与物遇，则气收敛，胜于勇夫。有经验者自能知也。练气柔身而出，臂活腰灵，骈两指推按起落，若蛇之有两舌，且游荡曲折，有行乎不得不行、止乎不得不止之意。所谓百炼成钢、成绕指之柔，即以此焉。又，蛇行拨草进势巧，起时束身落时藏。起若风兮落若箭，好似猿猴把桃献。起若箭兮落若风，追风赶月不放松。

鲐形者，其性最直，无他谬巧。此形有竖尾之能，上起可以超升，下两掌捣物如射包头之力，打一把云中拨日属之。斯形前足、拨后足蹬，打人全凭反掌灵。练时两手重并下栽，翻上前掌上拨，但拨时宁前合不可后炸，其两手相距不可过远，落时猝押，打时再变其他手法。又，掌不翻则丢不灵，翻则有阴阳变化，抖而有劲，但须肘结，掌不可离身太远。用时腿催腹，腹催掌，而其掌之高低，总要与乳齐为妙。翻时是由阴掌变为阳掌，手心发外，打空是也。

鹰之为物性最狠烈，有攫获之能，有提拿之功，打一把鹰爪属之。又，鹰形爪有捉法，膀有打法，眼有瞅法。

熊之为物性最纯，而形则最威猛，有竖项之力，有出洞之猛，熊腰属之。又，熊形前进用平身，以稳重为主，俗云“熊出洞，虎离窝”，猛也。又，仰头似熊，亦熊之特能也。

猫有捕捉之能，狸猫上树属之。猫性喜跳跃，故练猫形者，以练力为主，而尤以猛为主也。

蜻蜓有点水之灵，蜻蜓点水属之。练其形，以轻灵敏捷为主，果能练熟此形，则神化不测矣。

鲸鱼抖鳞，乌牛摆头，兔儿蹋天，狗之躲内，及其他种种形象，均有可取之势，不过不若以上形形之为要耳，故略不详，此所言者，其大略耳。又猪传狗掠寒鸡步，鹰眼猴手狐狸心，亦属形形之内。

总之形形之，又是粹众美士人者也，学者苟能将以上形形研究精熟，而能按其性盾化而用之，则技求达上上乘矣。再者，华陀之五禽经，亦念形形之意。所谓五禽者，即虎、鹿、猿、熊、鸟是也。少林之五拳，亦不外形形之意。所谓五拳者，即龙、虎、豹、蛇、鹤是也。不过五禽经是取五禽之形，五拳是取五禽之神，而六韬中之龙、虎、豹、犬四禽，则独取四禽之意耳。吾师告予曰：吾人对于一切动物，均须留意，果能静观领悟，则动物之形形均可取也。

双玉法

大蛇，行人字步，右手钓腕，左手脱肘，横顺也。

猿猴献桃，起近是践，木属阳起腿，变双阴，至廉泉，如虎按山，水里按瓢快进，践拳本是押，夺路盗兔是使马形。

鹰是英，熊是雄，个说英雄。鹰在高处，起而未起。高之中望为低，属阴。

熊他横我横，他顺我顺。熊形所变，横顺为要。底之中望为高，属阳。

鹞双手，肘肩转，元是花邪进，肩邪齐身全正。

燕形是一鹞三家动，标把花手肩是为真。鹞形一字步，如鹞而行。手如马形，是鸡头。六合扶心胸，是闸形。熊有坐盘。马行八字手，腕交叉，双单手全押叩至膝上。

太阳穴、天突穴、鸠尾穴、气海穴、小鸡旦泡穴、哑门穴、左肩周亭穴、右肩齐曲穴、左夹窠穴、右闭窠穴、尾闾穴。视阴反阳去，视阳反阴入。阳起阴盖，阴起阳入。

天下人多君子少，山上石多金玉稀。

世上师众名师少，自君艺高（师）亦稀。

我要一见重其语，心服与他不算苦。

如逢奸人不打量，滥教真艺才算苦。

不如自悟自立志，行到人前得其志。

大树有名人多望，望他清凉蔽日光。

狂风损枝无人见，不胜滋长入山林。

起如摘，落如坠。

起如钢叉，落如钩住。

把把不离鹰捉，步步不离虎扑。

把把圆，步步圆，拳术练个圆。又圆，两个人对练一个圆，一个（人）单练个圆。

起如蛰龙升天，落如霹雷震地。两手不离心，两肘不离胁，出洞入洞紧随身。口为洞口，丹田为虎窝。形意拳把把不离束展之身法。

形意拳之源流，是岳门之派，金兵在牛头山，岳武穆先夫子，看螳螂捕食之巧，造出之形意拳。出于山西平阳府蒲州地，名均村，冯姬先师，讳宏，字龙凤。盖师生于明末，精于枪法，创出形意。后专于河南鲁山县南门外，李珍老师父，金世奎，并传闸势。二人自幼传习武术，独门形意，以阴阳五行为主。今习武之士，必要专心玩味，以思其理。

夫艺者，言其和也。和之中智勇，兼全而无别掂。形意拳并用五字：採、扑、舒、裹、绝。採，如採毒物也。扑，如猫虎扑物也。舒，身上下束，而为舒也。裹是抱裹而不漏物也。绝者是绝也。採也绝，扑也绝，束也绝，裹也绝，绝也绝。五绝俱要绝，断而无所不绝也。出拳要硬，打硬追。打人如火烧身，如硬崩摘豆角。

练形意拳基本功，先蹲猴势，猴势内练丹田。丹田蹲法：抱肩，裹胯，束尾，鸡腿，龙身，熊腰，猴背，鹰膀，虎抱头；两肩要裹，两手心向外，两手背向内，两肘紧并，两手紧挨双膝盖上，不过足前；两眼要平视，舌挺上颚。蹲时如觉疲倦，即猛起头顶，要猛顶。两手猛起抱肚太屈。蹲之数次，即宣休息。

钉、顶、恨、毒、弓、吹、环，束身好似虎扑羊。学中要得真灵奥妙，全凭内外天地还。精养灵根气养神，元阳不走得气真。丹田养就千斤宝，万两黄金不与人。

五行相生：金生水，水生木，木生火，火生土，土生金。

五行相克：金克木，木克土，土克水，水克火，火克金。

五行拳所属：劈、崩、钻、炮、横。劈拳属金，崩拳属木，钻拳属水，炮拳属火，横拳属土。

五行相生：劈拳似斧属金，钻拳似闪属水，金能生水，劈拳生钻拳。崩拳似箭属木，水能生木，钻拳能生崩拳。炮拳似炮属火，木能生火，崩拳能生炮拳。横拳似弹属土，火生土，炮拳能生横拳。劈拳似斧属金，土能生金，横拳能生劈拳。

五行相克：劈拳似斧属金，崩拳似箭属木，金克木，劈拳能克崩拳。横拳似弹属土，木克土，崩拳能克横拳。钻拳似闪属水，土克水，横拳能克钻拳。

姬氏枪法

论枪法，凭着己心，若己心不明，反误后人，即如起落随要身平，身法永无凶。单指迎风上法难，总是上法还占先。身平盖世最为先，武艺只在一瞬间。此枪不用闪法，单凤朝阳非为偏，前手指定休要战，后手不离肋内藏，蛟龙戏水方为翻江倒海，何用忙？此枪法以何为总，总休离四封四闭，未尚他不知深浅，五花枪战定乾坤。虬战枪休离扦进，拦路枪似虎逼人。销口定身休离位，出洞入洞紧随身。遇下枪莫要捉拿，遇上枪定照中平。如回枪还照一样，百骨靠山要靠定。靠定自身往前行，中平自是还照定。照定卧虎往前扎，左盘枪蛟龙戏水，右盘枪不可容情。枪犯枪定南针，中平枪推右手，劈面相迎，他递咱也递。

要前手捉得住，前手后手莫犯阳，如犯阳手定不强。起战中平难变化，硬势蜈蚣枪，即忙存下，起前手，后手紧推，起战枪莫存，上下定起手，才可进他杆，递杆休捉杆，填前膀，推后手，从后手搭住杆，劈面相迎，穿指枪，丢在手，上右腿，单肩相迎，五虎群羊难封闭，莫要存身休停住，总有强法不为奇，如有枪法何用忙。前头迎先扎后头，四面枪一面藏身，出门枪劈面相迎，闪两旁，如飞紧出。长进短，不用杆；短见长，不用忙；长进短，硬打硬进；短进长，先进贴身。进里身，先上右腿；进外身，先上左腿。短进长，如赶他，封一尺进二尺，不可捉拿。长进短，如赶提防着左右闪法。遇镰扎，欺住上，莫要慌忙。假如还枪住杆，以何为法？如里身抢住填膀，推后手，上右腿，还枪住杆，以何为法，如里身抢住填膀，推后手，上右腿，还往里闪；外身抢住，退前腿扎左右，尽是闪法。进刀法，何为交口？定中指浑身是空，抢吃枪堪定前手，抢离枪堪定后手，能叫他高一尺，不叫他低一寸，能叫远进一丈，不叫近进四指，是枪法。何枪为总？总枪要知首尾，未进枪先使蛇战，如退枪，照定始终，枪是死中反活，活中反死，进走低，退走高也，起望落，落望起，极为始终。鹞子钻林须束翅，提防着青龙枪硬往下捉。灵芝穿心要堪定，燕子取水紧随跟。抽梁换柱要缠定，左右缠定休离杆。死蛇塌地莫要下，往后闪，休离杆，方可用伏虎枪，往上复扎铁翻杆，永世不倒有促法，何不早进低盘枪，将虎捕枪破他六合枪。总发不奇，用天蓬枪，枪随身紧，追风赶月不放松，欲是花枪定休促，只在中间微微斜，未是枪防备他，拾鼠枪先扎绞肠，堪膝拘住不低头，盖世枪法总不奇。

讲起落，何为起落？起撩阴扎穿指，劈面相迎落浮眉，存地蛇中心定住。讲起落，知高低，不为出奇；讲进退，知远近，不为出奇，原来是依本心、依本性，随便行事。论变化，变化无穷；论进退，难执仔细；参真方，莫在势里。缠总枪法有多少，数目九十二枪，有数枪，不在其论，随着一个暗方，无有形不得明，依何凭据，不得九十二枪尽出本在心，不过是主人翁，一怒间喊动枝叶，一枝动百枝动，身动不发，心动心到，一心后到，一身未动。不可畏战，畏战不能疾进，能叫一思进，莫叫一思存。说三思必无错，武艺犯思必有凶。解其意，晓知兵法强，退者即要紧追，善走者必有邪术。明三进，暗五行，岂可置而不论。进常偷身容易躲，暗后三枪最难防。单风枪硬难上，起中央分定两旁。单封不单扎，单扎不单封。先起一寸为元帅，后起一寸为第。大战要以顺天，水战要以顺时。顺天只是主一风，顺时只是主一气，如知气则能知其心，见其形容，晓知吉凶。

六合枪架

一合枪架，罗家乌龙摆尾法。行枪五枪手，断门枪，点七枪，锁喉枪。

二合枪架，岳家四封四闭法。行枪定南针势点凤凰下三点头，地蛇冲枪。

三合枪架，胡家孤雁出群法。行枪，黄龙低头势点，拨步定心势。

四合枪架，李家提拨搂押坝法。行枪，狸猫扑法点，五杆三截势。

五合枪架，高家太公钓鱼。行枪，插步贯枪势背后扎枪点，魔旗扫地势。

六合枪架，杨家泰山押卵法。行枪，铁牛耕地势点，鹰捉兔法回马三枪。

十一门伞扎

出门势，进门势，永门势，奇门势，丧门势，败门势，定门势，死门势，活门势，断门势，闪门势。

入阴而负阳，头手胳肘弯，
脾气往上参，五节要成连，
八节发勇气，九节带手弯，
身手心一动，脚手使连环，
上下来走势，内藏有三战，
出手为奸战，回手为滑战，
打者为强战，三战合一处，
成象在内间。

未曾发后手，气撑后脚膝，
心气往外换，肝气往上顶，
阳气落于额角，阴气落于枕骨。

正五行拳谱

岳文德堂

六合自古无双传，多少玄妙在其间。

设若妄传无义人，招灾惹祸损寿年。

武艺都道无真经，任意变化世无穷。

岂知悟得婴儿顽，打法天然是真形。

劈拳属金，似斧非斧，如捆程掇碟之势。钻拳属水，似内非内，如岭山倒之势。崩拳属木，似箭非箭，如舟行浪头之势。炮拳属火，似炮非炮，如江水拍岸之势。横拳属土，似弹非弹，如轮行濠沟之势。

钻拳内藏追劲，带掌压採，进步连环用。裹拳内藏炸压劲，带掌压採，进步连环用。践拳内藏里劲，带掌压採，进步连环用。起如钢锉落如抽，进步连环肘打球。

用法：钻拳手是押，胳膀是顶，不可高。裹拳平是膀，胳肘是顶，不可高，宜正，不可炸。践拳平是颠也，出肘是打也。其出肘有似手採外也，旦少其身法，尤须灵便，故要带上龙身为要。有三种练法：一正门，二外门，三地盘是也。

钻拳使加连，属低炮步，宜小，宜用膀。裹拳使挑肘，掌打带压踩进步。践拳使加押磨膀，真用起落，劲不宜出，又前栽是也。三拳内藏追压里最快灵劲。

三拳三棍非寻常，紧阵圆满是正方。

学士若至通深处，武艺之中状元郎。

钻拳形似闪手是押，胳膀是顶，不可高，裹拳类虎践手是扦，胳肘是顶，不可高，宜正，不炸，剪拳似马奔起用双定，肘落用押磨膀，连环一齐演。

裹拳是顾也，出肘是打也。其出肘，有似手採外门之螳螂手，且其身法尤须灵便，故最要须带上龙身。有三种练法：一正门，二外门，三地盘是也。

钻拳连掘地炮，剪拳带押磨膀，裹拳如螳螂手，裹风膀则亦易变螳螂手。总之拳法之势，无一相连者，只在学者势齐变通耳。钻拳步宜小，小则易用膀。裹拳肘宜低，低则免危机。

彭棍真要猛膀劲要六礼，劲自然有势。

炮棍似风行挑押带劲，愈快愈好。

反背形似剪反背棍如虎受山，如箭支也。

玄妙在其中炮棍非紧贴敌身不易奏效；地盘棍在挑，左有右保无处，右挑左桃，右方保无处；若炮棍则左挑右、右挑左矣。

螳螂闸势拳

名称起时螳螂手落是闸，故名螳螂闸势，实含起落、落不空之意。闸时退而进，例如左手闸，时退左步（于）右步之侧，再出右步之侧，再闸势，即是螳螂手之落法也。

身法：龙之和、鱼之抖，和则灵，抖则猛。打人如火烧身，则抖动灵矣。但抖以后，使足跟抖至顶心为要，如此则全身均。

步法：鸡之轻快，虎之践，猴之灵快。

上法：龙蛇二行。

打法：水鼍、猫、燕子、螳螂、鹰。

头螳：卧虎势即是卧虎膀，则带掌压进步，寸足践步，即趋步，射球势，双闸魁星势，上步连环手。

二螳：不来顾手，即是鬼枉转，一马三箭，提足直蹬而踱。

三螳：单点马碰蹄，左右犁行膀，则乘马叠膝，不槐向前，直奔而出。

四螳：摩鸡摸鸭，劈掌，锥钩，贯甲行肘要低，斩手炮，换势蜻蜓点水，挂画托塔，推掌，劈掌，是用掌心之力。

五螳：押磨膀，左右追风炮，起时钻掌，落时押炸，左右连珠炮，起尾两展势，中间侧边结，结子出步带钻势，左右旋转用地盘步，追快为妙也。风驰水驰，云卷雷知。用身法，龙身、熊腰、鹰膀、猴背、虎抱头，俱要带上。包肩裹胯，缩尾起伏，蛰龙升天，落如霹雷震地，起似钢钗落似钩，进步车轮舟行球，鲸鱼抖鳞，急若脱兔，起无影，落无踪，进步好似卷地风。散球要用低势，三尖要齐：眼尖、手尖、足尖；三心要齐，顶心、手心、足心；三弓要和，和明弓、和明眼、和明手。

广览世间许多习武汉，说什么二总、三毒、五恶、六猛，未及讲谈；说什么六方、八要、十目、十三格。弓又令经息，即论眼前，一百零八枪、八十一拳，如隔万重山，真正可怜，枉费许多工夫，究竟是两手空，攒拳学式诚势真，依吾弓箭手，三拳三棍精熟，附取无尽，用无还，世间许多习武汉，急回转，何须仰着模糊脸。

鹏情

一艺求精百倍功，功成云路自然通。

扶摇试看鹏飞势，才识男儿高世风。

五行相克劈拳歌诀

金克木，两拳以抱中，去拳前上攒如劈，后拳随跟紧相连，两手抱胁如心齐，气随身法落丹田，两手齐落，后脚（随即跟上）。

姬氏古拳谱

—原谱影印—

拳谱

天下之治道有二，日德日威；天下之学術有二，
日文日武。此武之所重者，技艺也。况國家講礼
有法，蒐苗獮狩各有其時，岂徒事為虚文也哉。
故武之技艺不可不親歷其事，而其间精微奥妙，
更有不容率意妄陳者。余嘗擬著為論，公諸同
好，特恐语言不精，反误後世，此心耿耿，曷其有極。
茲是岳武穆王拳谱，意既绝释，语亦明暢，急録
之以誌余愛慕之情云。王諱飛，字鵬举，河南陽阴
人也。王父早卒，事母最孝，少負節氣，優於將畧，
沈毅多謀，其智勇绝倫超羣，當時名将云双匹。及
長应募于东京，留守宗泽與談兵，曰：如将軍者方
可與言孙武。屡尚战功，遂成大將，善以少擊衆，自帥
八百人，破王善等五十萬衆于南薰門；八千人，破曹成

十余萬衆、於挂嶺鎮、其战几札於順昌、則后苑、列背嵬、八百於朱仙鎮、五百人、破金兵十余萬、凡凡有所举夆必谋定而后战、故有胜、而会敗、猝遇敵不动、故為之語曰、撼山易、撼岳家軍难、張俊嘗問用兵之術、於王、王曰、仁信智勇嚴、勇缺不可、平生好賢礼士、倘覽經史、雅歌投壺、恂恂然為書生、每战勝者必功、曰将士效力、飛何功之有、而忠憤激列、議論持正、不挫於人、卒以此得禍、余為宋深惜之、當童子時、受业於名師、精通鎗法、以鎗為拳、立一法以教将佐、名曰意拳、神妙莫測、蓋從古未有之枝也、宋以后金元明鮮數代、鮮有其技、独我姬公、名際可、字隆風、生於明末清初、蒲東為湯馮人氏、放名師於終南山、得武穆王拳譜、后授師曹继武先生、於批甫時

卽安徽池州府、今属安徽蕪湖道轄人不知其
勇先生習武十有二年技勇方成康熙癸酉科
联捷三元欽命陕西省靖遠鎮总鎮致任归
籍余遊至池州先生以此拳授余学之十易寒
暑先生甚喜曰子勇成矣余回籍晋經洛陽遇
学礼馬公談势甚洽属余為序不文焉能當
此但見世有勇悍之士未学無善人之力及觀其
艺再扣其学乎不應心語不合道者何也
不得箇中真傳也所謂真傳者雖名曰豈矣
貴和和者智与勇順成自然之謂也豈今世
捉拿釘鉤打封閉展逞其跳跃悦人耳目者
可比此卽心意拳大要不外陰陽五行動靜起落
進退虛實而其妙矣又須六合肩与胯合時力

膝合，手与足合，心与意合，意与氣合，氣与力合。

苟能日就月将，智無不固，勇無不生，得手和之理，

合手和之精，自然能去能就，能强能弱，能进能退，

能剛能柔，不动如山岳，难测如阴阳，無穷如天地，

充足如太倉，浩渺如滄海，元耀如三光，以此視今

世演武者，另手不异手，同手不同手。

時在乾隆十五年歲次庚午年荷月

山西祁縣戴龍邦書於河南洛阳馬公書室姬老師

戒

語曰

一寸、二踐、三鑽、四就、五夾、六合、七齊、八正、九径、

十勝、十一起落、十二進退、十三陰陽、十四五行

十五動静、十六虚实。
寸是步也，蹚是腿也，躦是身也，就是束也，
上下束而為一也，夾是蹚也，劈动兩腿行如剪也，
合是内外六合也，外三合，手與足合，肩與胯合，
肘與膝合，内三合，心與意合，意與氣合，氣與力合，
内外如一，成其六合，疾是毒也，正是真也，看正即
是邪，看邪即是正，径手摩内五行也，脛是鷩
起四稍也，火机一发物必落，摩脛，磨脛，意之氣响
連声，起是去也，落是打也，起也打，落也打，起落
如水之翻浪，方起落也，进步低，退步高，进退不
是枉学艺，何為阴阳，看阴而有阳，看阳而有
阴，天地阴阳相合能下雨，拳之阴阳相合能成

一塊、皆為陰陽之氣也、內五行要動、外五行要隨，靜為
本体、動為作用、若言其靜，未漏其機，若言其動
未見其跡，動靜正發而未發之間、為之動靜也、虛
是精也，實是炁也，精炁皆有成其虛實、精養炁根
氣養神、養功、養道、見天真、丹田養就長命寶
萬兩黃金不與人。六合自古無双傳。
多少奧妙在其間。誰若無傳無聚人。
招災惹禍損壽年。武艺都道無真經。
任意變化勢無窮。豈知悟得嬰兒頑。
打遍天下是真形。
天為一大天、人為一小天、墻倒容易推、天塌最難擎、
雨過塵灰净、風頂暴雲回、熊出洞、兎離窩、硬棚摘豆
角、牡羊之項、將有所去、兎闭其机、勢將有所取、勢乃正、

者不上、知進、知遠、知老、知嫩、知寬、知窄，上下相連，
心動身不動，則枉然，身動心不動，亦枉然。一塲要把，
吊鬼內漸騰，足低隨明只八勢，打来不算好武艺、
問爾何所據，答曰：我的塲中不定，孰是或把，或拳，
望看就是隨高打高，隨低打低，打遍天下，即為老鸡
行如槐虫，起如挑担，若遇人多。
三摇二旋，起手横拳，勢难招展，兩四手前后梢，望眉
斬夾、反背，如虎搜山，斬手炮，俱行如風，鷹捉四平，足
下存身，進步採打，莫容情，搶步十字立蹬子股勢，
如擒拿，進步不膝，必有寒勢之心，打人如走路，看人如
蒿草，但上如風响，起落似箭躦，遇敌要取胜，四梢

俱要齐、手起足不起、作枉然、足去、手不去、亦枉然
未起是摘子、未落是墜子、三意不相連、必定艺完
浅、拳去不空回、空回總不奇、兵行跪道、鎗扎如射箭、
拳上一氣、兵战剁氣、無不取胜、君有臣將、有兵合一氣
蓋乾坤、並無反意、遠近一丈步伍疾、兩头回轉寸為
先、早知回轉造像路、近在眼前一寸中、守住一心行正
道、小路雖好車难行、拳打遍身之法、足踹渾身是空、
遠去不发脚、发脚不打人、見空不打、見空不上、先打顧
法、后打人、先打那裡顧法、渾身之法、俱打的是本身、
隨机应变、手起莫要望空、落脚去莫要望空、落内展
兩边提防、左右後進者往后跟、捨合連進、緊追、[illegible]高打高

随依打依，起為横，落為顺，為其正方，心不勇，手不推，摇不止，多出变化，三存者不上心裡所悟，原来是本心不明四梢，上節不明，渾身是空，中節不明，多出七十二把，神变，下節不明，多出七十二盘，跌有反意，必有反氣，有反氣，必有反力，言其形未动，必有反意之心，面笑眉展不动唇，湿心防他必有伶俐之心，能知其归一合，顺则天地之事，盈不可推矣，識見不見随時艺，遇世事会有不到头，

姬寿云文武古今之聖傳，且係国家之大典，上有益於社稷，下能趨避吉凶禍，此人生不可　也，今之武者專論架勢，封閉内法不知日间，朦然在目，不过可少用，若黑夜之中，伸手不是，如何用之

必至反悟，自身悟，何反哉！惟大剛之氣養之于素，而忽然发于一旦，依本心本性，直撲上去，隨左打左，隨右打右，不怕身大力勇者，一动而即敢也。世人其深察否？

手脚法。

眼要毒，手要奸，脚踏中門，搶裡攢。眼有鑒察之精，手有撥轉之能，脚有行逞之功。兩肘不離贖，兩手不離心，出洞入洞，緊隨身，乘其無备而攻之，由其不意而出之。前脚趁前脚，后脚踩腿灣，后脚趁前脚，前腿抬后連起，先進左腿，左腿未落有腿，隨起先进右腿，右腿未落左腿隨，隨心与眼合一力，心与舌合多一精，先分一身之法，心為元帥，[illegible]脚為五營，四稍左為先鋒，右為之帥，手脚相[illegible]各所般，一旦[illegible]有着，不[illegible]，看敌[illegible]

知此前後總譜不知無頭為一拳、肩為一拳、肘
為一拳、手為一拳、胯為一拳、尾為一拳、膝為一拳、足為
一拳、头打落意随脚走、起而未起占中央、脚踩中门
搶他位、就是神手也难防、肩打一陰反一陽、兩手只在洞
中藏、左右全憑蓋世力、束長二字一命亡、肘打去意占
胸堂、起手好似虎撲羊、或在裏胯一傍走、后手只在脇
下藏、把打起落頭手擋、淨龙伏虎霹靂閃、天地交合雲
遮月、武艺相战蔽日光、胯打中節並相連、陰陽交合必
自然、外胯好似鱼浪裏、裏胯搶步变、势难臂、打落意不見
形、猛虎坐窩藏洞中、背尾全憑精昊氣、起落二字
自分明、胯打戳处人不明、好似猛虎出木笼、和身展转不
停势、左右分明任意行、足打踩意不落空、消息全憑後
两人交勇無回去、去意好似捲地風、脚打七來手打三

五行四梢要和全，氣呼心意随時用，硬打硬进，無遮拦，
起云形来，落無踪，起似春分龙登天，落如霹雳雷擊
地，上下左右十四处，打法俱不脱丹田之精，腹打去意要粘
陰，好似翻身一力精，丹田久練是根本，五行合一見奇能。

十二形練法

龍虎猴馬鮀即奇子股也　鸡鹰熊骀即兔毫也　蛇鷂燕
鹰助出於鷂鷂以高望低屬陰熊助落於枕骨以低望高屬陽
龙有搜骨之法，虎有撲食之勇，猴有縱山之灵，馬有
蹟蹄之功，鮀有浮水之精，鸡有欺斗之勇，鹰有捉拿
之精，熊有豎項之力，骀有豎尾之精，蛇有拨草之巧，鷂
有束翅之能，燕有取水之灵。
束[illegible]而起，藏身而落，起而風落，而勇打倒还撞，遲起
如奇落如風，追風赶月不放鬆，論身法，不可[illegible]

后倒外可左斜右迎，往前一直而去，向后一直而退，

论步法，寸步、快步、践步不可缺，讲足法，脚起而躦

脚落而翻，不躦不翻，以寸為先，必接须丹天氣，肩要催

肘，肘要催手，腰要催胯，胯要催膝，膝要催脚。

五行合一处法

远践进躦，躦進合膝，沾身縱力，手起如挡搓，落如钩阻，

摩经，摩经心一动，渾身俱动，心动如飛箭，肝动似火焰，肺

动成雷声，脾胃腸爽功，五行合一处，放胆即成功，起落

二字，自身手，盖世一字，是中身，身似弩弓，拳如藥箭

能要不是，莫要停，住盤龙，未起雷先动，風吹大樹

擺枝摇，上法須要先上身，手脚斉到總為真，内要提，

外要随、起要横、落要顺、打要远、氣要催、拳似跑、龙折
身、遇敌好似火烧身、起粘身手进中间、手起是要挨。
足去不落空、拳打三節不見形、如見形影不為能
能在一時进、莫在一思存、能在一氣先、莫在一氣后、起横
不是横、落顺不是顺、起不起、何用再起、落不落、何
用再落、低之中墜為高、高之中望為低、起落二字、由
心齐、死中反活、活中反死、明了四稍、永不懼閑任五行、
永無画、明了四稍、多一積、明了五行、多一氣、明了三心、
多一力、三回九转是一势、势怕人向、多一精、一精知其新事
積、萬事只要圓了中、身体圓他一势、要圓奇好字、幸
是無價宝、有钱将往何处找、要知好字路还往、四稍
未講、何為[illegible]舌為肉稍、牙為骨稍、手脂節足、

指節为筋精、渾身毛孔、为血精、四精俱齐、五行乱发、
血精发起不应、牙精、肉精、不知情筋骨发起不齐、
起来动、可知情緣如吳山、大光明、两手出洞、入洞、紧
随身、两手不離身、手足去快如風、急上更加急打了还
缠遲、天地交合、云蔽日月、武艺相斗、蔽住五行、三
起不是三进、不是可是、也好不是也好、势占中央最
难变化、两人相战、須明三前、眼前、手前、脚前、踩定
中门、去打人、如蛇吸食、内实精、神外示安逸、見之如归、
奇之如虎候氣伏形、如神奇、往急若騰兔、追其形、
还其影、縱横往来、目不及瞬、大樹成材在其任巧、
言莫要强出头、架梁肉折、不在重、有稱打起千斤鈎、
行其溺色之事、丢去虎狼之威、三事無心自己悔、保

往身得現今福，演武艺者，思吾之道，依吾之言，永
無大害，見其理，而自尊，交勇者，莫要思，悮思悮者，
寸步难行，血精发脚心，发起到天门，再無别疑，真英
雄，弃骨肉精仔细评，评出理来，是一通，筋骨一氣，
要以和，天地陰陽，通一氣，氣之通，萬物皆通，氣之變，萬
物皆變，那是痕迹，那有阻隔，以和為始，以和為終，以
天地，知吾人之心，意还任四精行，目中不時輪，旋转行坐，
不時要用心，耳中不時常报应，语中不時常调和，调
和者，何也，调和萬事，吉而亟吾有栽树之心，種苗之意，
奈莫人心，不知松柏，四時長青，牡丹雖好，开一時艳盛，
松柏，常绿，绿何乎霜，不打因他根心皆实，人心若得
人心意，意思之思，不回头，可見孝弟忠信礼义廉耻心
再思学意[illegible]自中矣，三五思無路往從[illegible]

晚上、去避身、知無思悮為何三意存稼耕、讀書事、用只為仁義礼智信、武艺、但掃世不平、路逢結交、要用心、晚间店内、須防备、一切事莫放鬆、逢桥、須下馬、过渡莫争先、一人莫上舟、搬重且停行步走、高岡、十里遠、不走低凹、五里平未晚、先报宿、鸡鳴、早看天、人量、人来、莫小量、可比韓信、楚霸王、星夜到風休行路行路、必有禍、而凶、十人擒住、一人难、一人存心、要占先、有人参透這句话、事吉凶都消散、並無此心妄思别意、是其何功、身思不到、事無心、三思無意不可以侍、自思不到、道吾無理、能是一心、莫是一身、都遇贤来幼也少、墙也高山、不能、雪裡深里、自

丝里、实调黄柏，终是苦、自己失悮，理不通、每日迷来、
枉费神、大樹有名、人多望、望他清凉、蔽日光、狂
風損枝、云人見、不膝源長、入山林人比花開、满樹红、
后来结果、那个成、可見奇才、终何用、可惜奇才、
不多失、此艺、三教、三不教、三懼、三不懼、何為三、
不教、賊盗者不教、愚鹵者不教、無義者不教、何
為三不懼、精長大者、不懼、力勇者、不懼艺高者、
不懼、何為三教、孝弟忠信者、可教、有剛有柔者可
教、机模灵通者、可教、何為、三懼、能服尊長者
可懼、年高有法者、可懼、要笑頑童可天下人
廣君子少、山大君多金玉缺、世上人多名師稀、

我重人語、將心意、付与他、四不可、他不是財有坏、父母生
身有恩、將心意付与他、亦不可、背毁有坏、好樹長
在樹林崖、將心意他付与他、又不可、崖山崩有坏、好也成苗、
將心意付与他、伊晝夜不眠、亦不可、未見海中水是一
海中月、却也光明、將心意付与他、亦不可、水潮有坏、訪
一名師、將心意付与他、又不可、未出他人之心、這心意
云处不到、不如自悟云、自身是志、而皮行行到天堂、云
地獄、行到地低云谷生、行到人前、得其志、行到嵌肉、一、
無禍侵、雜病解勸、世人總要習武艺、这多者少难以知、
丢財惹氣、在眼前、不如息氣養神、却自然、千般巧
計、前般設習、可有破、手用好心腹一條、勇心胆宜
事耳目、报三思罷、終可破也、逢善則善、過惡還要
審時报勢、憑其三牲、名自高、若还不依、才論行

凶多吉少、悔反逆、常存仁義之心、能除萬事之凶、
天上慈悲、天海水長流、山中領泉起、山水潮露水、改
來水天賜、神水萬物聚成归、处見一处海水長流、山
中嶺泉起、山中潮露水、改來水天賜、神水萬物聚成
归处、是一处、海水在山上、長流水、翻花山水、不發、目
蕢全無草露水、非力不動、改來水、人人都講長流水、
却也难得、是水意、有人悟透水中意、难得相逢、遇知
人、世上有三
頭丁香刻木行孝是知孝、初世、
知是知頭、郭買齋僧、是头、
知何以、為無益暑光喂鷹是無 女不孝是
無益人人都有玩花意、不知花園裡边有號計、
滿目觀花尽[illegible]、名利云边、禍有根、世人皆知

有学意便易哄住不得行术学武艺、先学精先
学伶俐、皮学根不知讲着、怯不用、怯讲着伶俐不
用疾、精细不是演武艺、可容、可不容、指何為道、
仁義為通、父母恩情不用恨、不孝之人、何学艺、
不知起落、枉伶俐、不知進退、枉学艺、貪富[illegible]原是
天生民、何用精细去哄人、萬事归於善、不可有始、而云
終、却説五宠、群手势、眼不精、為一宠、耳不精、為一宠、
鼻不精、為一宠、口会味、為一宠、言不精、為一宠、不精者、
為宠、精者為風、而這風雨洒遍乾坤、遇山林而不能
迴渦、那怕地泄世机模、有一個古神鷲、随身带着带
他有何用、发带他、若是真的白鷲、起四精、起着要怕

耀亣亣齊、明言其五虎、辟手、陣勢、是我那一時不明白
了、有個青龙、缺少眼目、步头去尾、有牙爪、是我一時不
明白了、此陣、悞傷此身、幸遇老天尊、降下猛雨出
離了那陣勢、以后不会用、莫要強用、言不精中了他、
桃李迷諜、眼不精中了他、底砂耳不精中了他詭計
詭在南倒、往北行、鼻不精中了他、麝香風氣、舌不精
嘗不出外裡邊、甚么滋味、講五虎何為五虎、五行
五精、即五虎、后世裡行动、営用計如風、風雷疾、驚
起四梢、四梢裡緊要封閉、蟄龙為起、雷先动、風吹
大樹擺枝搖、五行幸五、道閑去人把守、自遮攔、
去意求財、去採花、难出大坑一陣间、講十面埋伏陣
势再意參[illegible]、莫想人间逞剛強、好強一定受顛狂、

人不能数天灭也，究竟此阵之事，是我自己共推理，到此
阵悔之晚矣。解此阵，不明是自己不照，知到三心不犯，
不自为戒律，既知巧手心不照，既知功脚心不明，既知
蹬桥下之空。论此桥，搭桥事何缘故？此桥即是智谋，
过此桥绝凶无吉。以何为故？以后理事，是桥是桥，
下有凶，如不小心，指轻为重，切莫中此之计。大将携坏，
三十二位以下的千重有余，如不是折桥计，斩伤此阵，
未出净眼搂猛是三条路，蹬脚下有窟井，后有火烧身，
可往前进，可往后退，幸遇折桥之计，莫折净折两
捆，留一捆，后人可行，逢一生一风一烛，非能是之深，要
能议其好歹，要务庄农，先受苦未至寒冬，早备棉，
看壹千卷，备应考，武艺只论，是识浅世事人情，都
一般看人心，当心不害，有人留意数句话，今宜未通

也不难，言不明，艺不精，只怕悮傷世人，百鸟飛，投芦林，合為一处，求其一窝，蜜蜂，採百花，调在一处，成其一窝，人可喜，精蜜之言，约之一身，全其為人，己心所来前法灭，照破世间无罪孽，己心所来前法终，自有賢人归吾宗

四民均宜習武艺

士也终日读書，並無困倦之時，即拿艺学之及精，神頡赶急去读書，是武也不病于士，而有益，于士士也，胡弗武农也，朝夕田间，並無風雨之時，即當風雨之時，拿艺而演之，及風雨止息，仍去田间，是武不病于农，而有益于农，农也，胡弗武，工也，商也，劳劳也，風塵道路，並无

蒞处特御当其時、即择艺演之及、变易应求、仍去就劳是武、不病捨工商又也、商也、又胡弗武哉

缓責工农急責士商

就令工也、农也、不革武可也工也、商也、兼云轻視武也、何其士也、云轻視武士也、别云应声朝斯夕、斯劳年、矻矻是以致筋骨、弱名雖男子实若处、女幸而发跡云弗、可知一困、寝床攸往弗行又可慮者、近如潇、会遠如鄉党其间以礼循義者、固多而頑梗奸猾之徒、亦復不少豈能尽遠而天绝之哉、特或勿接微有觸、犯非口出不遜之言、即身肆不规之行、乃如之人真正把人氣死、何不要读書得间時、並

学武艺、务会精熟、兼一遇世人、使鼻青眼肿、葡萄
卉去其擊鼓進任奔去、為之諺云、保任身体硯今
福、良非虚語、所以士也、勿輕視武、何其商、亦勿輕
視武、商也、將本求利、或居貨或行貨、劳劳市途、
僕僕津梁、抛去妻子、寄棲他鄉、犹皮言者也、假
使用泪、時乖奔身体、交看誰、其惆之殖、財獲利、
之会即起竊、向之心有夜窃盗有路逢劫夺商也、
未手云策、惟仰天長嘆、而已甚之得財傷主、尤
堪憐傷假今預鏞于武、只需手赶棍落筋折骨、
斷、垂手丧氣、真人向一快事也、所謂商也、輕視
武、余擬是[illegible]年為赶淵屢見塵、世大皆然一耳士也、

商也、各有执也、[illegible]多餘賬、只手入手、三拳、三棍、各是精熟、熟斯亦足矣、何多事欤、

三拳像

攢拳、裹拳、踐拳、是也、攢拳形似闪、裹拳、顛覆蹚、踐拳似馬奔、連環一氣演、

三棍像

鬆棍、砲棍、反背棍、是也、鬆棍只要猛、砲棍、似風行、反背疾如矢、真妙在其中、

拳棍贊

三拳、三棍、非尋常、緊偉固滿、是正方、習時者呈通神处武艺之中状元郎、

習武二妙

一曰腿動之人、習艺均有常師、即赴所能者、学之要知艺、

之在人奔自云穷有可量吾者，有高超吾者，果其高超，忽畏山川之险，道路之远，親敬其人，诚心求教，我以诚心求于人，而人未有不诚心求我者，朝渐夕摩，何患不至高超之境，所谓一处徒師，須要百处学艺，二日口功，鎗棍刀拳，自有真形，实像俗而蒙混，不以继而舛，錯难精為能虚，己求講解，而人未有不用实心示我者，耳濡目染，何患不至明通之域，所謂專莫若兼，聽之廣。

習艺三和

一曰知明手，何為明手，或比鎗，比刀，比棍，比拳，直正猛，勇，短，毒，疾，狠，快，利一悬间，不覺令人退避三会，

二曰知明眼，大凡个毛，比鎗，刀拳棍，或于十日不合，或于

十三格有之，即急為指點曰，此鎗、刀、拳、棍出自何人查特為此樣，今差之毫釐，皮必謬之、千里不経，改正不覺，合人憬然，服從三日，知明言，何為明言，其于歷代鎗、刀、棍、拳、法，一聽其講完，真正是有始有終，有本、有末，有蹬，有據，不覺令人豁然，曉暢如在夢中醒來、

習艺二戒

一曰戒持鎗、刀、拳、棍，自有不易之準，过於不及皆非的當，人是我非，須當舍己從人，若执迷不持，终于無成。二曰戒自滿，鎗、刀、拳、棍本無尽境，習一艺更有一艺，相追得一着，更有一着，相乘侈然，自滿，則半而东尽之弊，終不免矣，習艺者，果能勉二勤、勵、三和凛、二戒，其不至人步，亦步人趋，亦趋然而不成者、未之有也。

總結賛

曠覽兩向許多習武艺漢者、說什么二隱、三毒、五蕙六猛、未及講談說、甚么六方、八窍、十目、十三格言、不曾經見、即論眼前、一面、三鎗、九十一拳、如隔萬重山、真正萬可憐、枉費許多工夫、究竟是兩手空攢、捍學人試勢、恭吾言、入手、三拳、三棍、精熟、特取吾用去進、兩向許多武艺漢、急回頭、何須仰着模糊臉。

五行相尅

劈拳、似斧、屬金、山崩拳似箭、屬木、金尅木、所以劈拳、能破山崩拳、横拳、起落似彈、屬土、木尅土、所以山崩拳、能破横拳、[illegible]水、攢拳、似閃、屬水、土尅水、所以横拳、

土能破攢拳、砲拳、似火、水尅火、所以攢拳、能破砲拳。火尅金、火似炮拳、能破劈拳。

五行相生

金生水、所以劈拳、能生攢拳、水生木所以攢拳、能生崩拳、木生火、所以崩拳、能生砲拳、火生土、所以砲拳能生横拳、土生金、所以横拳、能生劈拳

生尅申贊

拳法、意柔、本五行、生尅裡迹變化精、学者要知真消息、只在眼前一寸中。

揉撲裹舒绝

揉者、如揉毒物也、撲者如猫兎撲物也、裹者、如包

裹而不露也、舒者、舒展其力也、绝者拌绝也一绝無所
不绝也。

内外相見合一家

震龍、兑虎、各東西、朱雀玄武南北分、戊己二十中極宫位
意為傳引、相成配、眼耳口鼻、外五行、手足四稍、並頂
心、久炼内外成一氣、迅雷、電掣、起暴風、拳去拳來、意
去意、無意、意之中、是真形、誠心養练精神氣、近在
眼前變化中、固其根、而動心者、是武艺也、養其根
而静心者、是修道也。

心仁肝義肺礼腎知脾信

夫将材有九道、之以仁、齐之以礼而知其飢寒、患其劳苦、
[illegible]

以柔、此之謂義、將貴而不驕、勝而不恃、賢而能下、剛而能忍、此之為礼、將奇变不測、動盡多端、轉禍為福、臨危制勝、此之智謂、將进有厚賞、退有嚴刑、賞不逾時、刑不擇貴、此之為信、將足輕、戎馬氣至四千夫、善用短兵、長于劍戟、此之為謂將登高三軍至輕敵、强固怯于小战、勇于大敵、此之為猛將、見賢若不及、從諫為順流、寬而能剛、簡而能詳、此之謂、大將遊艺引。

盤根

盤根三步、豈去因配合、分明天地人、要把此身高位置、先從本身煉精神。

旋轉

大夫学得擎天手、旋轉乾坤、名不朽、豈祗区区堪小試

岂功大也何难有。

旁通

不是飛仙体自輕，居然電影令人驚。看他挑拨奇技势，尽是旁通一此是。

冲空

一波未完一波生，彷彿神龙水面行。忽然冲空高处躍水中翻波，细思寻声光雄勇令人驚。

翻浪

從来順理自成章，送到难行莫強梁。寄语聰明人学艺，水中翻浪细思量。

能意

鷹勢

英雄处世不驕矜、遇便何妨一学鷹、最是九妹鷹得意、擒完郭兔便超升。

完風

撼山何易軍何难、只為提防我者、完猛完旋威頭耋抱其心合意细心看。

鵬情

一芸术精百倍功、功成雲路自然通、扶摇试看鵬飛勢、鹭識男兒高世風。

雷聲

奇人從古、状先声声裡威風、退柔兵。就是痴情天不惜迅雷一声也立声。

風行

学為封姨，力最神，折花柳樹轉風輪，饒他上处雄兵遠，一掃空生一路塵。

篠真

六朝金盛，愛昇平，武事仍隨文事精，安不妄危自解，於人何事更相爭。

麟角刀

剛經百練，始成刀，良將爭功，胆氣豪，真王固，形麟角上，德知利器名郎高，刀添一角妙世旁，隱隱祥麟惠愛宸利以濟仁，仁法著秋霜原不礙春風。

軍中文器忽呈祥，兩翅居然似鳳凰，可知星似禽還羽化，古來陣上一翱師，真誰是鳳來儀，有器先呈祥，威机欲鳴岐山鳴，瑞美談兵，天苑太平時。

盤根

根株相帶，陈相因，盤结多端，賴有人，猿臂封侯誰可限，千鈞一拳是其神。

旋轉

翻身向天仰，射手左右旋轉，名不朽果勢既稱，豈小識唐歷襄鄂亦必有，

旁通

用明冷謙事

何爾一瓶載若輕，恢諧上殿寺人驚，任憑施盡弓弩法，仙籍旁通豪事異，

冲空

武裏勇力魁群生、夺得崑崙元夜行、直擬將軍天外降、忽然冲空霹靂驚。

翻浪

蒼龍水面亦文章、韜畧世須畏強梁、八陣浪翻千載仰、須叟變化熟能量。

熊意

桓桓寫出老熊形、山麓藏身意欲伸、記文牙八鄉一試、群驚群易恭千人。

鷹勢

風塵同处昌客矜、飛躍蒼茫試學鷹、勢豈亦拳同鳥瞿雄心以欲華山峯升。

虎風

風雲民伸又何难、环衛儲胥士卒完、蒙馬虎皮成霜绩、陳師牧野可同看。

鵬情

武穆天成百战功、不傾指授自然通、翼云中以金牌并、鵬亦因情轉世風。

風行

飒爽英姿信有神、騰骞世礙軼双輪、试看行止真俊藝、指顧風生淨翅尘。

雷声

谁将旗鼓壮軍声、凱唱勸呼退敌兵、岂是空谈三提武、询雷失着自然驚。

葆真

梯航家國須承平，奮武揆文事事精，繕性葆真詢可樂，行將崔鼠驗世爭。

立法而平素一樁頭頂天足踏地

先定心，心定神，寧神，寧心，安心，安清靜，清靜世物，世物氣行，氣行絕象，絕象覺明，覺明神氣相通，萬物歸根合成一氣。

用氣訣法

眼上翻，屬陰，陰氣落在樑骨，鼻一，縮屬陽，陽氣落在膀角，脾氣緊，心氣沉，肝氣頂，肺氣行，肺氣一努落腎經，心沉一氣，自然成。

引氣法

目視鼻、鼻对臍处处行遲、不可稜、微開二六連鞘、一点灵光吊屁眉。

周天法

緊撮谷道、内中提、尾閭一起、绕脊骨玉枕难过目視息来到丹田存消息、往前又視雀橋路、十二時中、降下泄鎖住心源、拴驛馬、要到丹田海底基、一時快乐、会穷尽、反本、还源、心自知、久炼自成金剛体、百病皆除如童子。

得真法

渾圓一氣五通、成道成莫外如真形、真形内藏真精神、精神神藏氣轻轻、如向真形求真形須要真形、合形形、真形合柔、有真诀、

合道真訣得徽炅、養炅根、而動心者、故將也、
養炅根、而靜心者、修道也。
武艺難精、竅不真、費盡心机、枉劳神、祖師、留
下真妙術、知者不可、輕傳人、正不必一拳、打到门外
得、亦不必一脚踢陵陽判、英雄好武本楨幹、况是
將门、三軍魁、羡君親身來玉蒜英婆諷爽动里间、
每向射圓張弓、拔壁上覌者、咸稱贊、更有盤根、
存真、算旋轉、旁通、功不斷、急坐、冲空、翻波、浪鵬、
兎、鷹、熊、來天聿雷动風行、勇且悍凡此皆法、在
平日学步、抑鄭俱驚歎歎、工夫全貴不凌乱笑、
余学道、未一貫終、日只知守書案安能与君遊。

汗漫传的偉軀好体煥。

十八般兵器

矛鎚 弓弩 銃鞭 简鏈 撾斧

鉞戈 戟、牌 棒鎗

出手劈胸、占中央翻身抱肚、势势强、定心一掌朝阳手、
鳳凰展膀观四方、葉底藏花人不見、陽面上打实难當、
四身立下七星势、猛虎撲食把人傷、從身又使推碑
势、轉步偷桃使单鞭、通天扎捶窩心炮、鷂子踹鸡左右
翻、劈足地蛇雙開膀、白鶴展翅望中間左右又使雙
把箭、低身五花一條鞭、中央立下打虎势、怀抱琵琶一
氣躦、又使張飛騙馬腿、進退指陰不可忙、提身
掛耳赶擊打、扎捶從身要下防、久炼内外成一氣、变
化魚窮四海搗、夾鎗帶棍出洞中、打雲遮日不須停、
鷂子入林直上身、舞龍擺尾不見影、里虎返身暗藏
形、猿猴抱肘金鎗落、撲風掃地对面迎、按草摸蛇分
進退、白鶴展翅左右跟、又是讓裏挑釵势、返身倒入洞中。

六合凝鎗

左右凝鎗蓋世雄、扒桃陰鎗下陪銀、面頭押有千金重、鳳凰點頭步后稱、好剛而多折能柔而事成、知進而必勝、知退而不柔遇事多思想、免得身受难、一明不明白、悔之也無及。

第一曰三節何為三節舉一身而言之則手臂為稍节腰胯為中节腿足為根节是也分而言之三节中各有三节如稍节之三节則手為稍节肘為中节肩為根节中节之三节則胸為稍节心為中节丹田為根节根节之三节則足為稍节膝為中节胯為根节至三节之用皆不外起隨追而已盖稍节起中节隨則根节要追三节庶不至有長短曲直之病亦無参差俯仰之處矣所以三节貴明也第二曰四稍何為四稍盖髮為血稍手指足指节為筋稍牙為骨稍舌為肉稍而人之斗舌頂上腭（即口内天花板）則肉稍齐牙齒相合則骨須撑觔（即脑后髪际處）則血稍齐手腕足腕撑

節則筋稍斉四稍斉則内勁斉矣俗為兩足兩手四稍者非也所以四稍尤其要訣耳　第三曰五行　五行者金木水火土是也內五行是对人之五臟外五行是对人之五官均属五行如五臟則心属火肝属木脾属土肺属金腎属水心急勇氣生脾动大力攻肝急火焰竄肺动沈雷鳴腎动快如風此五行之存於內也目通於肝鼻通於肺耳通於腎舌通於心人中通於脾此五行之著於好也故曰五行真如五道关云人把守自遮往天地交合云撒日月武艺相战蔽住五行真确論也手心通心属火鼻尖通肺属金火到金灰亦自然之理也餘可類推。第四曰身法身法有八要起落進退反側收縱是也起落者起為横落為

收縱者收如猫伏縱如虎放也大抵以中平為宜以直為妙而三节相貫不可不知

第五曰步法寸步有寸步顛步快步箭步是也如三尺遠寸一步可到即用寸步如四五尺遠則用顛步仍上前足如遇身大力勇者則進前足急过后足如一丈八尺遠則用快步快步者起前足帶后足平去而飛並非蹦跳而往也犹如馬奔虎践之意也非艺成者不可輕用緊記遠处不发足如退人多或有器械者則連腿帶足並箭而上即所謂踩足二起鴛鴦足是也善学者随便用之总之法不可执習之纯熟用於無心方尽其妙

第六曰手足法手法者单手雙手起手捺手等是也起前手如鹞子入林須束翅束身而起推后手如燕子抄水往上翻藏身而后落此单手之法也如双手則兩手交互並起並落起如举鼎落如分瓶是也至如筋稍发有起有落者謂之起手筋稍未发起而未落者謂之鐙手总之直而非直曲而非曲肘护心肋手撩陰起而

其起如虎撲食其落如鷹之抓物是也足法者起翻落
蹟忌踢易踩是也蓋起脚腿望膝起膝望怀膝打膝分
而出其形上翻如手起撩陰是也至于落則如石以攢物也就
如手之落浮眉也其忌踢者踢即渾身都是空也宜踢者
即如手落如鷹抓物是也手法足法本自相同而足為用
必知其虎之行云声龍之行莫測然后可也
第柒曰上法進法上法以手為妙進法以步為奇而忌之以
身法為要起手如丹鳳朝陽是也進步如搶上搶步踩打是
也必須三节明四梢齊五行敝身法活手足相連然后度其
遠近隨其老嫩一动而即至也然其方法有六六方者工順
湧疾恨真是也工者巧妙也順者順其自然也湧者果斷也
疾者緊急快也恨者不容情也心一动而内劲出也真者發
中心得是其真而彼难变化也六法明則上法進法得矣

顧左右顧前后顧是也如单顧則用截鍾双顧則用横拳顧
上則用沖天炮顧下則用提炮一顧前后則用以前后手肖鏢
顧左右則用填迹炮或填身炮拳一触則动非者也他门之鎖
連蓬架也閘法者有左閘右閘剛閘柔閘也左閘如里填右閘
如外填剛閘如前六艺之硬劲柔閘即后六艺之軟劲是也截法
者截手截身截言截面截心是也截手者彼手已动而来
到則截之截身者彼未动而截之截言者彼言漏其意
而截之截面者彼面漏其色而截之截心者彼眼笑眉
喜言甘意恭我防其有心而逕机以截之也則截法六何可少
哉追法者有上法進法貫任一氣則所谓隨身緊趋追風赶
月不放松是也彼欲走而不能够何虑弗克哉
第九曰三性調養法何谓三性蓋眼為見性耳為灵性心為
滴性此三性艺中之妙用也故眼中不將常清耳中不時常
敏虛心中不將常警醒則精灵之意在我所谓先事預方

之上虎人而等而云是和之指也

第拾曰内劲夫内劲者寄於無形之中而接於有形之表难以言传者也然其理则可参焉盖志者氣之帥也氣者体之充也心动而氣則随之氣动而力則赴之此必然之理也有谓為創劲者非也有谓為攻劲崩劲者亦非也殆实粘劲也窃思創劲太直而难起落攻劲太死而难变化崩劲太拙而难展招皆強硬露形而不灵也粘劲者先后天之氣日久練為一貫也出没甚捷可使日月无光而不見形手则劲发可使阴阳交合而不费力至大至刚以直養而无害诚确論也总之如兔登山如龍行空方為得体以上十法律為一貫而武艺不已成乎吾会其理摘其要而释之為后習艺者训互於　姬鄭两老師之槍法拳法等详著於后以备学艺者参考可也

光廿曹继武先生编纂

（曹繼武先生拳術論）

聞之不語力固尚德不尚力之意也然交人各之會必用其力焉且曰
吾門有由惡之不入於耳識不可少矣於是顧其身家保其性
命有拳尚無拳之種類不同他術亦不悉造自何人惟此六合
拳則出自宋朝岳武穆王嗣后金元明鮮數代有其技至明
末有山西姬隆鳳先生遍訪名師至終南山曾遇異人
以岳王拳譜傳授先生自得斯書如獲至寶朝夕摩練尽
悟其妙而先生濟世心切伏恐人民处于亂世出則持器械
以自卫尚可若太平之日刀兵伏藏倘遇不測將何以禦之是
集學校去外無他法於是尽傳其术何為六合肩與胯合肘與
膝合手與足合心與意合意與氣合氣與力合內外貫為一
氣也最多者前后各大勢六勢變為十二勢仍歸一勢即一氣也

有又有剛柔之分也剛者在前因徹其異柔者在后尤貴
其妙亦由顯入微由粗得精之意也乃世之演艺者多惑於異
端之說而以善走為奇亦知此拳有追法手以能閃為妙亦知此
拳有提法手以左右封閉為得力亦知此拳有動不見形
則至而不及封閉手且能走能閃能封能閉亦必有所見而
能然故白晝間遇敵尚能徼倖取勝若黑夜時偶逢賊盜
猝遇仇敵不能見其所以來何以閃而逃之尤不能見其動
將何而封閉之豈不反誤自身耶惟我六合拳練上法顧
法前法於一貫而其机自具其動自提虽黑夜之间而風
吹草動有觸必應並不自知其何以然也独精於斯者
自領之耳然得姬老師真傳者只鄭师一人鄭師於刀
鎗棍亦所不精会同其理因述為論乃知一切武艺皆出于

拳内也彼世之学六合拳者求各[illegible]同[illegible]其[illegible]妙[illegible]之[illegible]求其[illegible]耶誤是此訛者究未得領真傳故差之毫厘謬之千里況手愈傳愈之化且不仅差毫厘乎予幸得学於鄭師之门以接姫老師之傳者也故法頗真而予得之最详故就其論而释之著為十法摘要非敢妄行诸世聊以教海后進人云爾初学武艺者入门有三害三害者何也可努氣二日拙力三曰鼓胸提腹努氣太剛則折易生胸满氣逆肺炸诸症譬之心君不和百官失其位用拙力者四肢百骸血脉不能流通经络不克舒暢阳火上升心為拙氣可滞滞于何處何处為病輕者肉发跳重者攻之瘆痛甚至可以结成瘰毒诸害鼓胸提腹者逆氣上行不归丹田两足無根輕者如浮萍全体不得中和則柔法亦不能处特中地步故三害不明練之可以傷身明三

自能引入聖心精心果力剔除净尽始得拳学入门窍
道故書云樹德務滋除悪务本諫習諸君慎之慎之。
武艺即道云真注。任意变化势无穷。
豈知悟得婴兒玩。　打法天然是真形。
六合根基於左
論身法不可前栽后仰左斜右歪論手論手法往前一
直而出往后一直而回論步法前腿带后腿后腿踩前
要論足法足起而鑽足落而翻不鑽不翻以寸為先論
秘 氣必須丹田氣催肩肩催肘肘催手此為上行丹田氣催
胯胯催膝膝催足此為下行丹田用功三年后方能覺察
出（出势虎撲起手鷹抓鷂腿龍身熊膀虎抱頭）。
練枝要訣　入門而習但頭手[illegible]膊[illegible]

名五节、要明達、八字、发進、氣先、平中、求進、身法、一动脚跟

須連跡上下来走势内藏有三战总十属卅战四手為滑

战打者要强战民象在内前未曾发后手氣撑后腿湾

膝心氣往外換肝氣往上泪氣落膀角阴氣吞允胃。

附錄游艺引

穆根三步豈云因配合分明天地人要把此身高位置

先從本身練精神

心沆、肝次、脾入、肺凛、腎故、

手指有五行、大指屬火通心、食指屬木通肝中指屬土通脾

云名指屬金通肺、小指屬水通腎、

手足要法

手要奸眼要毒足踏中门膽裡鑽

就是神手也难防眼有鑒察之明手有拨转之能足有

行程之功兩肘不離肋兩手不離心出洞入洞緊随跟

乘此不备而攻之出其不意而取之前足带后足后足
踩腿湾后足趁前足前足紧相連心与眼合多一力心
与舌合多一精先分一身之法心為元帥股肱手足為五营
四稍左為先鋒右為之帥手足相顧万無一失從此
万般会不如一着快通身十四處拳打法头為一拳双
肩為两拳双肘為两双膝為两拳双手為两拳胱尾
為一拳头打起落随足走起而未起占中央脚踏中门
搶他位就是神手亦难防肩打一阴反一阳两手只在洞
中藏左右全憑盖势力束長二字一命亡肘打去意
占胸膛起手好似虎撲羊或在左右一旁走后手紧記肋
下藏手打起落头手擋降龍伏虎逞刚强天地交合雲
遮月武艺相占蔽日光胯打中节並相連阴阳交合

必自然外胯如似鱼打挺揺胯摊步变势难脱尾打人不
见形猫虎坐窝藏洞中背尾全凭精灵气楚展二字
自然膝打几处人不以好似猛虎出牢笼和身展转
不停势左右撩探任意行足打踩意不落空消息全
凭后足蹬踏人变勇云须避去意好似捲地风足打七来
手打三五行四梢要和全气停心意随时用破打硬进云
应招起云形落云踪起如垫龙登天落如霹雳惠地以上
以下左右十面处打法都不脱丹田之劲腹打去意占在阴
好似反弓一力精丹田久练灵根本五行合一是奇能

郑氏拳法训语

起手横拳势难招展开四平前后梢望眉斩截反背如虎
搂上斩手炮鹰抓四平足下存神进步採打莫容情搶

上採身十字拳蓋手脚十连擒拿迎步不用力手舍力
之心退步紧防足云跌扑之患拳打遍体是法足踢浑
身是空拳去不空回空回总不奇远去不发足发足
不打人是空不上先打顾法然后打人依本心随机应
变随手足快如追风手起莫要望空落回脚起莫要
望空落内强退者十连紧追欲内者还模相迎随高
打高随低打低起为横落为顺乃为飞方手去足不去不
能打人足到手不随亦是枉然心不灵则手不推捣不上
多生变化推其原因由于三节不明上节不明恐中人
擒拿中节不明则自己浑身是空下节不明恐被人
盘跌故必肩与胯合肘与膝合手与足合心与意合
意与气合气与力合此六合然后三节明而气自足

六合自古〻云双傳許多玄妙莊其真訣若要傳之二三人
招災惹禍損壽年此艺实不可轻傳也武艺都道〻云
真経任意变化勢云穷岂知悟得嬰兒玩打法天然
是生成此氣之不可強制也足打七分手打三五行四稍要
和全氣淨心意隨時用硬打硬進〻遮於此氣之不可
輕識也但上如風响起落如箭躦遇敌要取胜四稍尤要
明〻了四稍多一精明了五行多一氣明了三节多一力三四九转
是一勢一件通了件〻通是在学書能悟而已悟開起落
進退精眼觀耳听語中精血稍〻開多〻害怕之時緊存心
斗為肉稍多〻強辯強辯之時仔细听筋骨未动要一氣
四稍裡邊〻云遠近明了四稍多一息閉住动容永不亞拳打
一氣兵战杀氣攻云不克战〻云不胜君与臣将与兵合一氣
蓋乾坤总〻云反意遠近一丈步為疾两頭回转為先要知

四梢这条路近在眼前一寸捎三起不见三落不见可见否不是能是一身莫是一心能变一言莫变一心总之一动占中间祇在中间占为先起落不是形是形不为能天地变合是薮日月武艺相战以敌任五行识乃要诀也故曰五行真以五道肩云人把守自迎薮心比是胆镜手似如意钩君子若学文武艺全恐三怯会其真学者於公能服时可悉心揣摸自能階進耳。

拾式连锤歌诀

金鸡独立通天炮。坐马开弓似射雕。

左劈偷锤蛇吐性。翻臂一炮最难招。

换步捧拳飞钻洞。起身抱兜把心掏。

左右劈刀捞盖肘，退[illegible]

白鹤亮翅单起脚。泰山压顶虎口上。
雙劈刀鮫龍海底鏟。出水横行猿偷桃。
籐蛇吐性火焰槍。黑虎坐窩猛出巢。
才子雙跨观四路。一馬三箭穿胸膛。
四馬兩箭如閃電。收势穿針探英豪。

螳螂闸势

势而曰闸、意明取手、取其钩阻撤落、如下禁门之千斤闸然、然以螳螂冠于其上者、何也盖取其推落阻之劲、復取螳螂持卑、有进云退之意、然此拳非仅闸势也、而统名之曰闸势者、何也、因重视闸势、故以闸势名之耳此拳起是螳螂手、落是闸势、实含起落不空之意、又螳螂一名天马、為物之勇猛者、有進法云退法、有起推落阻之劲、其食物

用刀形，足尺着地如雷声，打一把螳螂，手属之，又螳螂转轮示

勇，氣慑齐庄，拒斧見敌，捷逾天馬，又起首螳螂势无双，

上下翻飛肘進前，黄雀落如金弹打，起推落但得真传，

但者，止此，又此拳太谷心意拳门名曰架式拳，不免以讹传讹，

失其真四矣，

誠可歎也

头螳，卧虎势（即卧虎膀） 寸足趟步，射球势，双角，魁星势

上㝉連环，

二螳，不来顾手，即展点，转，一馬三箭。（蹬时提足，直蹬而渡。）

三螳，单炎，馬踹蹄。金石犁行膝。棚馬叠膝。（蹬时足不提，白蹄直起而止。）

四螳，摩旋摸鸭，（劈拳用拿边之力）鎖胸贯甲，（搂时要低）斩手炮。摸胸势

青蛙点水、掛面托塔、推窗望月掌心力

五蝗押摩膀、左右追風炮、起时鑽掌 落时挂炮、左右連珠炮、起尾二展势 中间一錘势 左旋右轉 側進法子 玉宗掌鐲势

惡日順掛势、陶鶴亮翅、射球势、探海棲、践步、射球势、四閘势、魁星势、閘时是退而進、側以右手閘时退右足于右足之側、再去右足閘下、閘下时可变推掌、又閘势即蝗螂手之落法也、

身法

鷄腿、龍身、熊腰、鷹膀、猴背、虎豹头、鷄腿取其兩腿夾緊、則敵不易揉入中门、且其出步係从肚裡掏出、則里罗所弃可免意外之险、龙身取其身和、扭转灵便、变化莫测、也熊腰取其下坐有劲、則九势穏固、不易顛跌、鷹膀取其膀來而蹬顛有势、起落有

勁入猴背，取其后背突出，而内天自攻翻，時有勢，足豹头、而其脊骨挺直，則頷顱有勁，俗云豪杰出于猴背（滑）、英雄出于頷顱，亦此意也、

身法底稿

身法底稿，不外内天地翻、外天地翻，内天指翻胎、上腹心、内地指丹田、下腹心，外天指天庭、外地指地閣，所謂翻者，看陰而有陽，看陽而有陰，其實内外與又舒勢，有似雉中虛，天收而地出展勢有似坩中滿，地收而天出矣，又足趾之勢下，同手舒足下身起同手展。

姿勢

姿勢，即包肩、裹胯、縮尾、肩包則胯合，胯裹則襠合，尾縮則内實，如此則身如竹致，而此身法出矣，又用力吸臍門，或用力縮回肛門，則尾自縮，總之縮尾（帶）乙則最重要，又[illegible]

每者，动時急放起，放尽則底氣沉而地力未尽，將敌時若
氣收肚内，則不敌矣。

裹松垂缩

裹者，两手往裡裹勁，如两手心朝上托物，必得往里裹勁也。
松者，鬆开两肩，如振弓然，不使膀夹，外露也。两手往外翻
之時两手極力往下垂勁也。缩者两肩两膀裹根，極力往
回缩勁也。此四勁最要，故録之。

教序

先站毛猴，身法姿勢至固時，即起而射丹田，翻天也，射
時足可前拖，不可后退，再进，余学进步射丹田，暨加寸
步的射丹田，再乏鸡腿，此為根也，根熟矣，动四把，五行拳，
双把、三拳、三棍、七炮、五膀、五种手法，鮐形，螳螂手，五堂
閘势，此等手法熟矣，方学龍蛇二行，及摩精模鏡練

時先学重动以立其練後学活动以致其用再教以声之法大动哈哈合也不动呼一尚也手拳熟矣再教各种步法之用后方学棍法、刀法、鎗法、等等剑法

射丹田

射丹田有三种一不出步的射丹田二出步的射丹田三加寸步的射丹田不出步的射丹田须時名曰鑽毛猴也任自然之勤不可满了两足并齐两腿夹紧再加上姿势身法两肘相齐而紧贴丹田两手相齐而紧贴小腹而两掌心向外两膝相并夹而不可前出要上面也格下面足矣着一射時翻天也而变为展势。此時丹田猛射足掌前挨不可后退两掌翻里向内挤丹田两肘紧夹两胁不可作余势

五种手法

猿猴献果为拳法身法之总要其势起而来起作中央两手只在胁下藏故曰拳中之母南水上摸瓢故球（浮弹而去之）燕子取水又水中浮瓢斩拳似手下去之劲另有一劲即直下押也狸猫上树等拳母皆牵连之犹为得法也。

决法

踩、扑、裹、舒、决。踩如踩毒物也、扑兔鹰鹞粘之扑物也舒束身也裹包裹而不露也决抖决也踩也决扑也决裹也决舒也决决也决抖决而去不决也。

乖快

你知、我知、心乖打心痴。手快打手迟你晓我也晓只怕手迟了两人相角以眼乖手快为重要的。

叫门

叫门者使敌先动、而我方动者也、其法不一、或以声或以是手叫或以外五行动作叫动物中善叫门者莫如猴势法吾人欲学叫门之法取猴的手法叫。

戒色诗

二八佳人体似酥、腰中伏剑斩愚夫虽然不见人头落、暗地教君骨髓枯。

精養灵根、氣養神之旧不走得其真丹田養就長長命宝萬兩黄金不予人。

寫字忌描画。鍊拳忌重复。

釘頂毒恨弓催翻束身直追雲扑羊学者要得灵奥妙全憑內外天地翻。

形形論說意二

凡有形可指者，皆谓之物，而形形则独指动物之动作言耳。动物
之动作，于技术似无涉也。而言技、术者，动言形形衍也，识以天
演公例，适者生存，否者自卫之能力，岂能生存于斯世。各动物
之得生存于斯世者，以其有自卫之能力，故吾今取各动物之自卫之
特长，像其形，以寻其致，而得其神，于技术之内，以化出种种绝妙
手法，而为攻守之资，方达无坚不摧，无懈可出之境。此形形
所以为学技者不可忽也。此种理说，不仅技术有之，不观仲由问
成人于夫子，夫答曰：若臧武仲之智，公绰之不欲，卞庄子之勇，
冉求之艺，各以礼乐，亦可以为成人矣。夫智者，不欲也，勇也，艺也，
四子独有之特长也，合而萃于一人之身，则可以为成人。形形之意
何异乎此。不但此也，六韬之命名，内中竟有龙虎豹犬之名。夫
韬者藏也，命名而取龙虎豹犬之名是　岳书之中仍藏有师
龙虎豹犬之意也。至剑斯说之鼻祖，据前辈所传说，谓形

形之技创于岳忠武王，王岳其姓，讳飞，字鹏举，河南

汤阴县人。氏谓王为将被困山中、湖广、牛头山，日日盘桓山间，

见有龙、虎、猴、马、鼍、鸡、鹞、燕、蛇、骀、鹰、熊、猫等等动物，或

其进退之速、闪躲之灵、应用之工、打法之融、步法之捷、上法之

灵、头法之敏、身法之和谐，取之特长之势，而并于技术之中，以教

帐下健儿，卒成劲旅，以破金人。今日形意拳所练之各种形形

即仿之所传也。又拳术之取形，形或相其形，或会其意，或会形形

于身之内，或寓形形于拳势之中，非有一形即练一套也，即一势之

内亦包数个形形之意，如鹞势之鸡腿、龙身、熊膀、鹰膀、猴背、虎

豹头是也。又如拳所鱼龙之形，即鱼抖鳞、龙摆骨之意，猛勇敢

熊虎之形，轻巧取水鼍、燕、猿之形，速快取鹰、鹞、马、鸡之形，以其

大略也。熊出洞，虎离窝，形容出势之猛也。

头之形象仰，头上跷似乎熊，低头下瞅形同鹰，左右转头像个猴头

向内，隔插头形勇猛，前进如虎豹，涉步像由折，像长虫一样在仰

名鸟形，左右摇头，形居牛之打法，前则居兵碰禁门，后则老和尚挂钟

左右则鸟平摇头，又因低头如鹰揭头，如熊名曰英雄头。身法

龙之和、鱼之抖，和则灵，抖则猛。又打人如火烧身抖劲灵点担擞以后

足跟擞至顶心为要，如此则全身内擞矣。进退躲闪猴之灵快。

上法龙蛇二行，分开龙蛇二行。打法需随猫燕子。步法鸡之

轻快，虎之践，马之勇猛，猴之跳跃，龙蛇之趋避。龙为最灵之

有升降之形，跃脊之能，搜骨之法，打一把龙行居之。又身法之中

以龙为最灵，以神龙变化无穷不测，故练龙行步以练神为主。

练时因身须用力，暗所气经丹田遍身体，洽浃两臂，驰静互山

相印身於游，龙之行空，故谓骨节通灵，身心手足均一气贯

串上下相印是也。

虎有伏身离穴之势，又有扑食之勇，虎步虎豹头属之物之

縱宵盛之莫虎者也，故虎形乃取我猶盛之气，概体竟行步過
依骨為主，練時須鼓突全身之气，臂堅腰實，膂力充沛之气势
貫始終不懈，起落有势，势目猿頂，势要示扑，兩爪排山之势。
猴物之最灵巧者也，有缩力之法，有蹤山之能，文猴拳从来妙
机出膝，挪内脚是根本。打一把猿猴献桃，居之内躲法兜
权猴能进退趋避，捷急如风，见手打人，人易慌，全凭速眼
最难防。馬之性最驯服，馬之形最勇敢，不惟实有冲力，
且有蹄步之能也。打一把馬奔蹄，居之殆俗人所谓馬有奔
蹄之工是也。
鼉龍為水族中最諑之物，有游涉之能，有提气浮水之功也，此形
練熟則身輕矣。鷂有独步之能，有振翼之威，有奋斗之勇

鷂步屬之。練鷂形者以猛爲速快爲主。鷂形者最銳利最銳敏之形也。鷂忽猛鷙不可方物，識以鷂之爲物有束翅之能入林之精翻身之巧。打一把鷂入林屬之，又鷂形打法用膀尖提氣束身進如箭。燕者最靈巧之物也，此形有欵身之法，有挺提之靈，有取水之靈。打一把燕子取水屬之燕形，打法如同水中漂瓜以靈快爲主者也，其身法由展而舒，由舒而展者也。蛇者最活潑之物也，能曲能伸，能繞能蟠，能柔能剛，斯形有撥草之能。蛇形屬之。蛇之骨節活動，首尾俱能相應，孫子謂率然者常害蛇也。擊其首則尾至，擊其尾則首至，擊其腹則首尾俱至，非其骨節活動安能若是其相應之速也。故練蛇形者以氣爲主，其氣之吞吐抑相以沉靜柔實爲主，如蛇之氣節節通靈，其來着物也似無力者，但一着物進則氣收斂勝于勇矣。有經驗者自能知也。練氣柔身而出[illegible]

美韻而擒拿妙起落若鼓之有聲吉且為陰西析有情吉不
得不行止手不得不止之意所謂一百諫成鋼成境精之果即
以此為又蛇行撥草進勢巧起時束身落時藏起若風兮
落若箭好似猿猴把桃獻起若箭兮落若風追風趕月
不放鬆。鮐形者其性最直去地攖巧此形有豎尾之能
上起可以起外下兩掌搗物如射色頭之力打一把雲中撥
日看之斯形前足撥后足蹬打人全憑反掌吳譟時兩手
重併下栽翻上前掌上撥但撥時步前合不可后炸其兩
手不可相離不可過遠落時捋押打時再變其他手法
又掌不翻則去不靈翻則有陰陽變化抖而有勁但須肘
結掌不可離身太遠用時擺催腰腰催掌而其掌之
高低並要而亂奇為妙翻時是由陰掌變為陽掌手心
發外打空是也。鷹之為物性最狠到有攫獲之能有捉

拿之功打一把鷹爪屬之又鷹形爪有提法膀有打法腿有
踩法○熊之為物性最沌而形則最威猛有豎項之力有出洞
之猛熊膀屬之又熊形前進用平身以穩重為主俗云熊
出洞更離窩猛也又仰头似熊亦熊之特能也
猫有捕捉之能替猫上樹屬之猫性喜跳跃故陳猫形
者以陳力為主而尤以猛為主也
蜻蜓有点水之灵蜻蜓点水屬之練其形以轻灵敏捷為
主果能練熟此形則神化不測矣鯨魚抖鱗鳥中擺尾
兔兔鷂天狗之躲内及其他种种形像均有可取之势不过
不若以上形形之為要耳故略不詳此所言者其大略耳
又猪倚狗狼寒鸡步鹰眼猴手狐狸心亦屬形形之内容
之形形之又是辨众美士人者也学者苟能將以上形形研

先天之而能拷其性眉化而用之則技术達上上乘矣。其者华陀之五禽经亦含形形之意所谓五禽者即虎、鹿、猿熊、鸟是也少林之五拳亦不外形形之意所谓五拳者即龍虎豹蛇鹤是也不过五禽经是取五禽之形五拳是取五禽之神而六拳中之龍虎豹犬四禽则独取四禽之意耳吾師告予曰吾人对于一切动物均須留意果能静观领悟则动物之形形均可取也。

双丕法

大蛇行八字步。右手钩腕。左手脱肘。横顺他。猿猴献桃。起进是蹦。木居阁起腿。

•变双阴。至廉泉。如虎按山。水里按鱼快进。践拳本是押。夺路盗兔是使马形。鹰是英。熊是雄。个说英雄。鹰在高处。起而未起。高之中望为低居阴。

•熊他横我横。他顺我顺。熊形所变横顺为要。底之中望为高居阳。鸡双手肘肩转元是鹿卸翅。肩卸变齐身全正。燕形是

一鹞三家动。摽把花手肩是为真。鹞形一字步。
如知鹞前行。手如鸳马形。是鸡头。六合扶心胸。
是闻形。熊有坐盘。马行八字手。腕交叉。双单
手全押叩至膝上。太阳穴。天突穴。鸠尾穴。气
海穴。小腹旦泡穴。吸打穴。左肩周亭穴。右肩
齐曲穴。左夹窠穴。右肩窠穴。尾闾穴。视阳反阴
去。视阳反阴入。阳起阴落。阴起阳入。
天下人多君子少。山上石多金玉稀。世上师多名
师少。自君艺高亦稀。我要见重其语。心服
与他不算苦。知金好人不打另。溢数真艺才算苦。
不知自备自立志。行到人前得其志。大树有名人多望
。望他清凉藏日光。狂风损枝无人见。不胜错去人

抹。花如摘。落如墜。起如鋼叉。二落如鉤住。把
不离鹭捉。步步不离足撲。把把园。园
古古国拳術練個园。又园两个人對練一个园。二个罡字
个园。起如蟄龍升天。二落如霹靂雷震地。两手
不离心。两肘不离肋。出洞入洞紧隨身。
以為洞口。且田為虎窩。形意拳把不
离肯展之身法。形意拳之原境是
岳内之派。金兵在牛头山岳武穆先夫
子。看螳螂捕食之巧。造出之形意拳。出
于山西平阳府蒲州地名。均村。冯炬先师。
韋宏。字戈鳳。盖师生于明末。精于枪法。
创出形意。后专于。河南鲁山县。南门外。李
珍。老师夫。金世奎。并传闸势。二人自幼传习

武术。独门形意。以阴阳五行为主。今刀武之
士必要专心玩味。以思其理。夫艺者。言其和
也。和之中智勇。兼金而无别据。形意拳。并
用五字。踩。扑。束。裹绝。踩如。踩毒物也。扑如猫虎
扑物也。束、身上下束。而为束也。裹是抱裹
而不漏物也。绝者是绝也。踩也绝。扑也绝。
束也绝。裹也绝。绝也绝。五绝。俱要绝。断
而无所不绝也。出拳要硬。打硬进。打人如火
烧身。如硬崩摘豆角。练形意拳基本功先
[illegible]掷猴势。猴势内站丹田。丹田掷法。抱肩裹
胯。束尾。鸡腿。龙身。熊腰。猴背。鹰膀。雷抱
头。两肩要裹。两手心向外。两手背向内。两肘
紧并。两手紧侯双膝盖上。不过呈前。两[illegible]脚
要平视。舌挺上颚。掷时如觉疲倦。即[illegible]

顶要猛顶。两手猛起抱肚太极。挪之数次。即
宜休息。钉。顶。恨。毒。弓。吹。环。束身好似兔
撰手学步要得真灵数妙全凭内外天地
还。精养灵根。气养神。元阳名走得气真。
丹田养就千斤宝万两黄金不与人。（五
行相生。）金生水。水生木。木生火。火生土。
土生金。（五行相克。）金克木。木克土。土克水。
水克火。火克金。（五行拳开基）劈。崩。攒。炮。横
劈拳属金。崩拳属木。攒拳属水。炮拳属火。
横拳属土。（五行相生）劈拳似斧属金。攒
拳似闪属水。金能生水。劈拳生攒拳。崩
拳似箭属木。水能生木。攒拳能生崩拳

炮拳似炮属火。木能生火。崩拳能生炮拳。横拳似弹属土。火生土。炮拳能生横拳。劈拳似斧属金。土能生金。横拳能生劈拳。（五行相克）劈拳似斧属金。崩拳似箭属木。金克木。劈拳能克崩拳。横拳似弹属土。木克土。崩拳能克横拳。横拳似内属水。土克水。横拳能克横拳。

姬氏槍法

論槍法憑着己心若己心

不明反悮后人即如是落隨

要身平乎身法本無丟單指

逐風上法難總是上法送言

先身平蓋世最為先武藝

兵在一發閃此槍不用閃

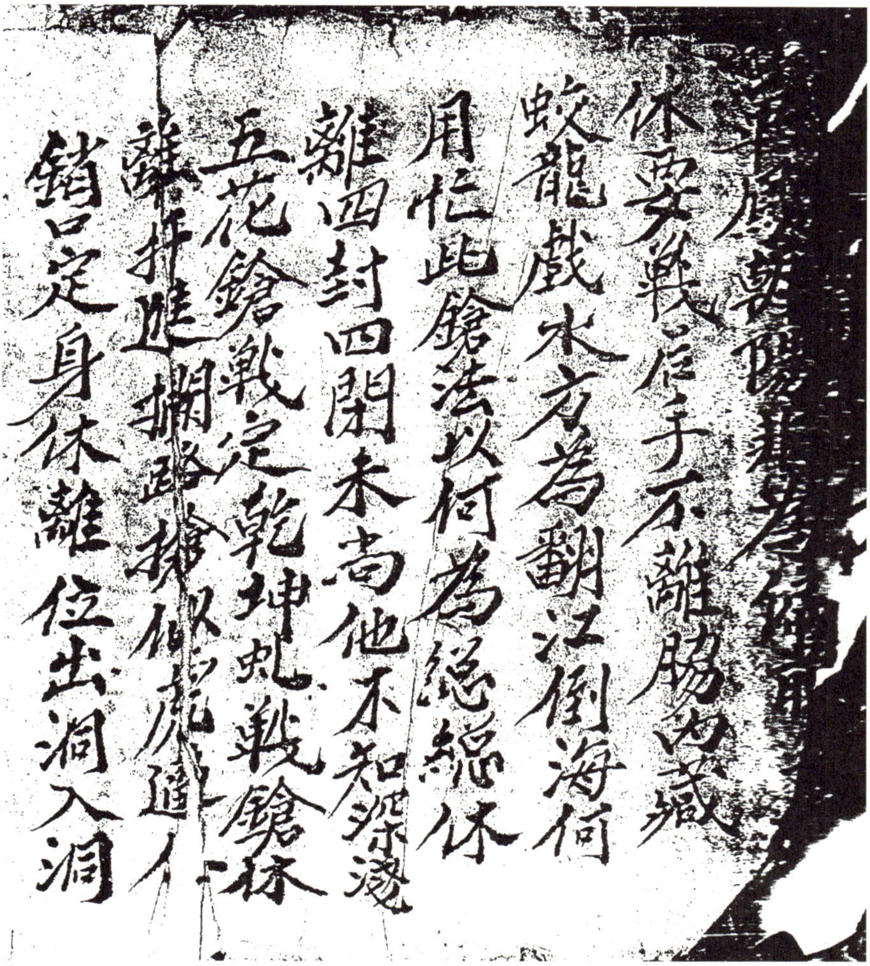
[illegible]
休要戰后手不離腸內藏
蛟龍戲水方為翻江倒海何
用忙此鎗法以何為總總休
離四封四閉未高他不知深淺
五花鎗戰定乾坤乩戰鎗林
雜打進擱路擒似虎進人
鎖口定身休離位出洞入洞

緊隨身過下鎗莫要拔拿過
上鎗定照中平如回鎗还照一樣
百骨靠山要靠定靠定自身
往前行中平自是还照定照定
卧虎往前往劉左盘鎗蛟龍戲
推右盘鎗不可容情搶犯
搶定南針中平鎗推右手
膀高相通他遞陷也處

要前手捉的住前手后手當
犯陽如犯陽手定不強赴戰
中平難变化硬勢蜈蚣鎗郎
忙蹲下起前手后手緊推赴戰
鎗莫存上下定赴手繞可進
他杆遠杆体提杆填前膀
推后手從后手搭住杆劈面
相迎穿指搶丟在手上右腿

単肩相迎五虎群羊難封
閑莫要存身休停住總有
強法不為奇如有搶法何用
忙前頭迎先劉后頭四面鎗一
面藏身出門搶劈面相迎
閃兩旁如飛緊出長進短不
用桿短見長不用忙長進短
硬打硬進短進長先進

身進裡身先上右腿進步
先上左腿短進長如趕他封一
尺進二尺不可捉拿長進短如
趕隄防着左右閃法遇鐮劄
欺住上莫要慌忙假如还鎗
住杆以何為法如裡身搶住
填膀推后手上右腿还鎗住
杆以何為法如裡身搶住填

膀推后手上右腿还往裡閃外，
身搶住退前腿劉左右盡是
閃法進刀法何為交口定中指渾
身是空搶吃搶堪定前手搶
離槍堪定后手能叫他高一尺不
叫他低手能叫远進又不叫近
避四指是槍法何槍为纏纏槍
要知首尾未進槍先使戟戟如退
槍照定死終槍是入死中反法活

夜叉進走便退走高也起胡手
落落望起极为始终鷂子鑽林
須求超隄防看青龍鎗硬
往下捉靈芝穿心要堤定燕
子取來緊隨跟抽楔換拉要
纏定左右纏定休離杆死蛇塌
地莫要下往后門休離杆方可
用伏虎槍往上復扎緊欽翻

杆来世不倒有促法何不早進
低盘槍将虎捕槍破他六
亞鎗總蓑不奇用天蓬遮槍撿
隨身緊趁風趕月不放鬆欲
是花鎗定休促祗在中間微微
斜來是鎗防備他拾鼠鎗光
紮絞腸堪膝拘住不低頭蓋
世槍法總不奇講処落何為

赴落起撩陰紮穿指旁面相
迺落浮罩存地蛇中心定住講
赴落知高低不為出奇講進退知
遠近不為出奇原来是依本門依
本性隨便行事論變化變化無
窮論進退難執仔細參真方
莫在勢裡纏繞鎗法有多少
数目九十一搶有数搶不在其

論隨着一個暗方無有形不得
明依何憑據不得九十二論盡
出本在心不过是主人翁一怒間
喊動枝葉一枝動百枝動身繫
反心動心到一心后到一身未動
不可畏戰畏戰不能疾進能
叫一思進莫叫二思存說三思
必無錯武藝犯思必有玄解

其意曉然矣兵法稱進者即要緊追善走者必有邪術明三進暗五行豈可置而不論進常偷身容易躲暗后三鎗三鎗最難防单風鎗硬難上赴中央分定两旁单封不单乱紧单紧不单封先赴一寸為元師后進一寸為第大戰要以

順天水戰要以順時順天祗是
主一風順時祗是主一氣知知氣
則能知其必見其形容曉知吉凶

六合鎗架

一合鎗架羅家烏龍擺尾法行
鎗五鎗手斷門鎗矣七
鎗鎖喉鎗

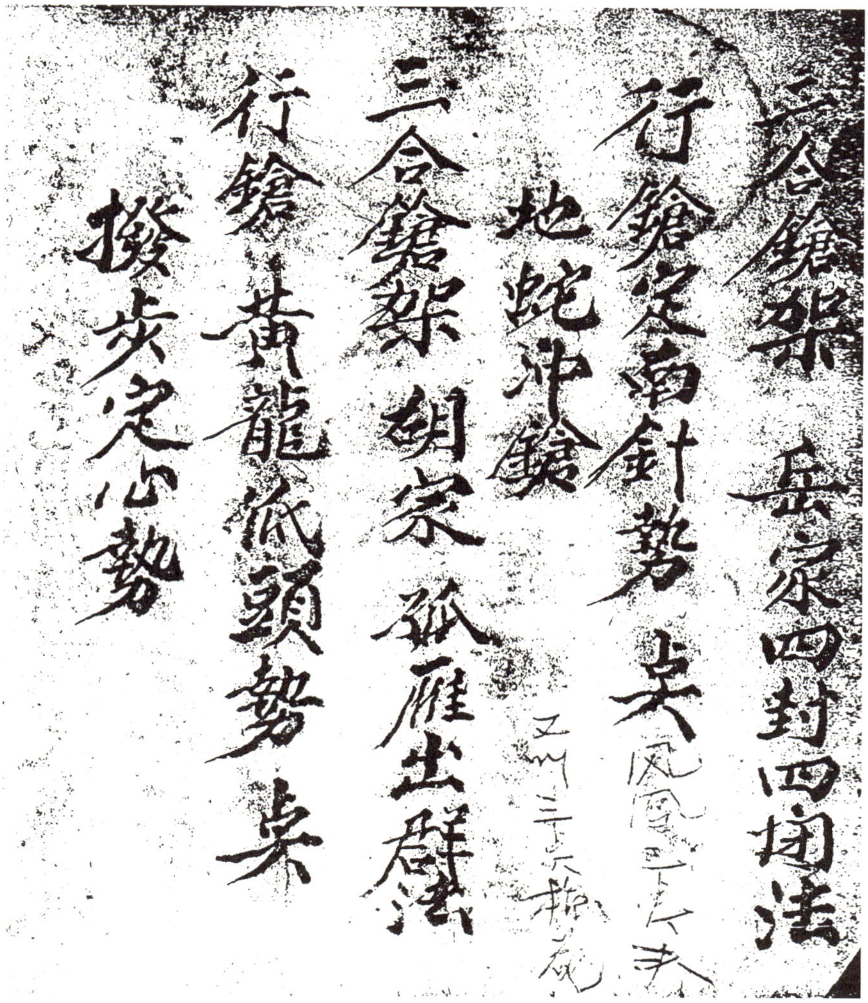

六合鎗架　岳家四封四閉法

行鎗定南針勢　矣（凤凰三点头）

地蛇沖鎗（又叫三点大摆尾）

三合鎗架　胡家孤雁出群法

行鎗　黄龍低頭勢　矣

撥步定心勢

四合鎗架 李家捉（指）摟押

壩法 行鎗貍猫撲法矣

五杆三截勢

六合鎗架 高家 太公釣魚

行鎗 挭黄貫鎗勢矣（背后扎枪）

魔旗掃地勢

六合鎗架 揭家太山押卯法

行鎗鉄牛耕地勢矣

鷹捉兔法 ㊦马三枪

十一門傘扎

出門勢 進門勢 永門勢

奇門勢 喪門勢 敗門勢

定門勢　死門勢　活門
勢　斷門勢　閉門勢
七曰上法進法蓋上法以手法為妙
進法以步法為奇而總以身法為
要其進手如丹鳳朝陽是也其
進步如搶上搶步進步蹤打
且進退是必三節明四梢齊五行

蔽身法活手足連而后因其
遠近隨其徼一動而即至也
然其方亦有六六方者工順勇疾
狠直盡之矣工者巧然也順者
自然也勇者果斷也疾者緊
快也狠者動不容情心一戰而内
筋出也直者發必中的見之真
而彼雖变化也六方明則上法得矣

五曰步法步法者寸步顛步过步快步剪步是也如三尺遠則寸步可到如五尺遠則顛一步仍上前步如遇身大力勇者則進前腳急过后腳如一丈八尺遠則用快步快步者起前腳帶后腳平飛而走並非勇躍而往也此馬奔之前竄之意非藝

成者不可輕用惟遠不並長腳而已如遇人多或有器械則連腿帶腳並翦而上即所謂採腳之起之說也善學者隨便用之繼之法不可執習之純熟用之無心方盡其妙也」

言手足手足者單手雙手起領手而已起前手如鷂子鑽

林須束翅束身而起推掌
如燕子取水長藏身而落此
单手之法也如隻手則兩手
並起並落起如舉鼎落如分
執是是也至於節稍發有起有
落者謂之起手節稍不發起
而未落者謂之領手縱之直
而非直曲而非曲肘護心發

手撩陰起而其起如虎之撲
人其落如鷹抓之物也足法
者起翻落鑽忌踢宜採而已
蓋起腿望膝起膝望枚脚打
膝分而出而其形上翻如手之起
撩陰也至於落則如以石攢物也
如手之落落須也其忌踢者脚
踢渾身是空也宜採者即

手之落如鹰抓是也是知手
足之法本自相同而足之为用亦
必如虎行之无声也龙行之
莫测然后可也
六合上法进法盖上法以手法为纵
进法以步法为奇而总以身
法为要以步法为奇其赴手
如丹凤朝阳是也其进步

如搶上搶步進步跌打且是也
是必三節明備精齊五行蔽身
法活手足連而后因其遠進隨
其老嫩一動而即至也然其方亦
有六六方者工順勇疾狠真盡
之夫工者巧妙也順者自然也勇
者果斷也疾者緊快也狠者
動不容情心一戰而內筋出也

直而後難變化也六方明則上
法得矣　四月身法有八要起落
進退反側收縱而已夫起落者
起是横落為順也進步低退步
高也反側者反身顧后側
顧左右也收縱者收如伏貓縱
如放虎大低以中平為宜以
正直為為妙角三節法相貫

此又不可不知
十法摘要
一曰三節蓋一身而言則手腕
為稍節腰胯為中節足腿為
根節是也然分而言之三節中
各有三節加手為稍節肘為
中節肩為根節是此稍節中
之三節也如胸為稍節心為中

節丹田為根節此中節中之三
節也如足為稍節膝為中節
胯為根節此根節中之三節也
要不外於起隨追而已蓋稍節
起中節隨根節追三節應不
至有長有短曲直之亦無參
差俯仰之慮矣此三節所以
貴明也二曰四稍蓋髮為血稍

指為筋稍牙為骨稍舌為肉
稍四稍齊乃到則內勁出有謂
兩手兩足為四稍者非也三曰五
行五行者金木水火土內對人五
臟外對人五官夫心屬火心急
勇力生脾屬土脾動大力攻
肝急火焰微肺屬金肺動
沈雷鳴腎屬木腎動快如

凡此五之存於內也目通於肝
鼻通於肺動耳通於腎口舌
通於心人中通於脾此吾行之
著於外也故曰五行真妙五道
閉無道閉無人把守自遮攔
天地交合雲蔽日月武藝相
戰閉住五行真難論也四最
宜知者手心通心為大鼻尖

通肺屬金火到金回亦自然之理也

合顧法開法截法追法顧法者單顧雙顧顧上顧下前顧后顧左顧右顧是也如單顧則用截錘雙顧則用橫捶顧上則用冲天炮顧下則用握地炮顧前後則用

前后稍捶則顧左右則用填
迫炮捶或填身炮捶此亦隨
機而動非若他門之鉤鐮逢
架也開法者有左開右開有
勁開有柔左開如裡填右開
如外填是也勁開即如六勢之
硬筋柔左開即如后六勢之
軟筋藏法者藏手藏身藏言

截面截心而已截手者彼先動而截之也截身者彼未動而截之也截言者彼言露其意意而截之也截面者彼面露其色而截之也截心者彼眼眉喜言甘意恭我防其有心而迎機發截之也則截法亦可以截追法者步上法進法一氣貫注即所謂

隨身緊赴趨追風趕月不敢放鬆是也彼雖欲走而不能也何慮其邪術乎 九曰三性調養法蓋眼為見性耳為靈性心為勇性此三性藝中之妙道故眼中不時常循環耳中不時常報應心中不時常警醒則稍靈之意在我應所至

為大所貴而無見機之哲也古密筋法夫內筋者寄於無形之中而接於有形之表難以言傳也然其理則可參焉蓋意者氣之帥也氣者体之充心動而氣即隨之氣動而力即赴之此必至之理也今於以切於藝者言之以為劍筋者非也以為攻

筋者亦非也以為崩筋者亦非也殆粘筋也夫創筋太直而難起落攻敵太死而難為变化崩筋太促而難屏展拓要留強硬露形而不靈也惟粘筋者尤沒甚捷可使日月無光而不見形手到筋發可使陰陽相合而不費力得之

如虎之登山如龍之行空也以上乃法練為貫而武藝不已成手吾會其理摘其要而釋之以為后之習藝者訓至於姬鄭兩先生之刀法槍法拳法棍法詳著於后以備參考可也 入陰而出陽頭手抱抖撈

脾氣往上叅五節即要成連八

節發為氣九節帶手灣身手
心一動脚手使連環上下來走勢
內藏有三戳出手為奸戳回手
為滑戳打者為強戳三戳合
一裏表象在內間未曾發厚手
氣撑后脚膝心氣往外换肝月
氣往上頂陽氣落於額角陰
氣落於枕骨　鄭氏拳法

捷徑拳實難招展開四
平前后猶望眉鑽加反背如
虎搜山斬手炮車行如風
鷹抓四平足下存身進步蹤
打暮莫容情搶步十字力拳
剪子股十曰搶拿進不能勝必有
含寒之忘拳打遍身是法腳踢
渾身是空拳去不空回空回

總不着遠處不發腳發腳不打
人見空不打先打顧法后打空依
本心隨机左右變隨手足快如
追風手起莫要望空落回腳
去莫要望空落閃強退者千
遠緊追欲閃者逐填相派隨
萬打高隨低打低起是橫落是
順乃為正方手起腳不隨不能

打人腳去手未下亦是固然心
不勇則手不排盖不上多出變
化總由於三節不明上節不明上
節不明恐中人之擒拿下節不明
恐中人之盤跌中節不明則自己
渾身是空故必與意合氣與
力合筋與骨合手與足合肘與
膝合肩與胯合明此六合然后

三節明而藝可習也六合自古無傳許多玄妙在其間假若傳与無義人招災惹禍損壽元此藝不可輕傳也武藝都講無真傳任意变化勢無窮豈知悟得嬰兒玩打法天然是生成此藝之不可強制也腳七分手拳

打三五行四稍要和全氣浮
心意隨時用硬打硬進無遮
攔此藝之不可輕試也且推而
論之彈上如風响起落如箭
攢遇人要取勝四稍先要明明
了四稍多一精明了五行多一
氣明了三節多一方三回九轉是
一勢一件通件件通是在學者

者能悟而已悟開趾進退精
眼觀耳听語中情血稍分明
多害怕害之時緊存心牙骨
肉稍多強辯強辯之時仔細听
筋骨未動要一氣四稍裡边無
遠近明了四稍水不息閉住
動容未無文拳上一氣兵戰
殺無不取勝君為臣將為兵

合一氣盖乾坤總無歹意遠
一丈安為疾兩頭回轉緊相還
要知回轉這途路近在眼前一
寸中三起不見三落不見可見
而不見能見一身莫見一不能
交一言莫交一心總之欲動占中
間衹在中間占其先敵若不
順用鎖口鎗法定其咽喉是

是知其落不見形見形不爲能
天地交合靈蔽日月武藝相戰
閉住五行乃要訣也故曰五行
真奴五道關無人把守自遮攔
心比懸胆鏡手是如意鉤君子
若習文武藝憑著三情會
其真

且手行着國[illegible]

六合自古無[illegible]

玄妙在其消設若要 岳[illegible]德堂

傳無義人發者禍

損萬年平民武藝都遺無真經任意

變化世無窮當知語得嬰兒頑打法

天下是真形

劈拳屬金似斧非斧如掤程擬磔之勢
攢拳屬木似石非石如山嶺倒之勢
崩拳屬木似箭非箭如舟行浪所之勢
炮拳屬火似炮非炮如江水泊岸之勢
橫拳屬土似彈非彈如輪行濠溝之勢
攢拳內藏追進勁帶仍壓壓踩進步連
退用裹拳內藏攻壓勁帶仍壓踩
進步連退還用踐拳內藏裡勁帶仍

塵踩進步連還用赴攻鋼錘落於
抽進步連還用打球用法攢拳手
是押捺膀是顛不可高裏拳平是
扰擒肘是頂不可高宜正不可炊殘
拳平是顛也出肘是打也其出肘有
似手踩外也旦必女身法尤須反使
故要帶上龍身為要有三種練法一
正門二外門三地盤是也攢拳使

加連攝低炮步宜小宜用胯裏拳使
桃肘扒打帶壓踩進步踐拳使加
押磨膀真用起落勁不宜出又前
栽是也 三拳內藏追壓裡
最快灵勁 三拳三昆非尋
常經章元滿是正方學士若至
通深處武藝之中狀元郎
攢拳形似閃 手是押搭膀是顛不可爲

裹拳類虎踐手是扞格肘是頂手可高宜正不炸
前手拳似馬奔趕用双定肘落用押磨膝
連環一齊演裹拳是顧也出肘
是打也其出肘有似手蹤外門之
螳螂手其身法尤須靈使故最
要須帶上龍身有三種練法一正門
二外門三地盤是也躦拳連掘地

炮前身拳帶押磨膀裏拳如螳螂手裏風膀則亦易變螳螂手總之拳法之勢無一相連者只在學者勢齊變通耳躦拳安宜小小則易用膀裏拳肘宜低低則免危機

鼓棍真要猛膀勁要々礼勁自然有勢

炮棍似風行 挑掃帶劲愈快愈好

反背形似箭 蓋反背棍如虎受山如箭支也

玄妙在其中 炮棍非緊貼敵身不易奏效地盤棍在

桃左有右保無處右桃左桃右方保無處

若炮棍則在桃右右桃左矣棍則左桃右右

桃左矣

螳螂開勢拳名稱起時螳螂手落
是開勢名螳螂開勢實含起落々
不空之意開時退而進例如左手
開時退左步右步之側身出右步
之側再開勢即是螳螂手之落法也
身法龍之和魚之抖和則靈抖則猛
打人如火燒身見抖動靈矣但抖
必從後足經過抖至[illegible]為要如此

則全身功 步法鷂之輕快虎之踐猴之靈快上法龍蛇二行打法水鼈貓燕子螳螂雀鳥 頭螳卧虎勢即是卧虎勝則帶仇壓進步寸足踐步即趟步射球勢双闸赴星勢上步連環手 二煙不來顧手即是鬼扭轉一馬二箭捉是真蹬而蹺

三蹚單点馬碰蹄左右離心腰則程馬
叠膝不愧向前直斧而出
四蹚磨楣摸鴨劈掌錐胸貫甲欏
肘要低斬手炮換勢蜻蜓点
水掛連托塔推掌劈掌足用掌
心之力
五蹚捍磨膀左右追風炮赴用鑽
撑落足捍炸左右連珠炮赴肩窩底
指寸閃側边信〻子午步帶纏勢

[illegible]要用地無安進退為妙也身蛇伏跪雲撥霧起用身法龍身能腰鷹膀猴背虎包頭俱要帶上包肩裏胯縮尾起如鑿龍升天落如霹靂震地起似鋼釵落似鷂進步車輪舟行球綜魚翻鱗急若吞兔起無影落無踪進步好似捲地風散

球要用低势三尖要齐眼尖手尖
足尖三心要齐顶心手心足心三弓要
和和明弓和明眼和明手
廣賢兩間許多習武漢說甚
廣名意三尋五甚意々猛未及講談
說什麼々方々要十目十三路弓
又令經息蹕論眼前一百〇八擋々十
拳切陽要重上在[illegible]時常

若[illegible]
學會[illegible]勢大套[illegible]一[illegible]一套三二
棍精熟附取無[illegible]不用無近兩間
許多招自無敵漢急回轉何須仰
著摸糊臉 鵬情
一藝求精百倍功攻成前處路自然通扶搖
試看鵬[illegible]勢絕識男兒高世風